中国银行业协会
CHINA BANKING ASSOCIATION

中国银行业协会中间业务专业委员会/编

商业银行
中间业务
创新案例

INNOVATION CASES OF
COMMERCIAL
INTERMEDIARY
BANK BUSINESS

社会科学文献出版社
SOCIAL SCIENCES ACADEMIC PRESS (CHINA)

指导组及编写组成员

贾 茹　中信银行

徐 俊　招商银行

刘 婷　中国民生银行

张 妍　中国光大银行

过文亮　上海浦东发展银行

陈建刚　华夏银行

祝珠芳　兴业银行

俞瑰姣　平安银行

黄海静　广发银行

课题协调人

中国银行业协会　仲泊舟　刘铮铮　马玉铭

王 颖　袁 帅

中国农业银行　祥 焱

序

自 20 世纪 80 年代以来，伴随我国经济体制改革的逐步深入，政府、企业、居民等市场主体的金融需求日趋多元化，国内商业银行中间业务逐步兴起并取得快速发展，市场主体不断增加，产品种类日益完善，服务能力明显提升，对支持实体经济转型发展做出了应有的贡献。

近几年，经济社会发展、资本市场变革和科技创新进步，为商业银行实现中间业务转型带来新的发展机遇。一是国家实施经济结构调整，重点扶持第三产业发展、支持国内消费需求，为商业银行提供支付结算、信用卡消费、电子商务、贸易融资、跨境金融等综合金融服务提供了广阔的市场空间。二是直接融资市场的兴起和"投贷联动"的推进，客观上要求银行转变传统信贷经营理念，统筹运用信贷和非信贷融资服务，不断加大债券承销、资产交易、金融租赁、银团贷款、委托贷款、咨询顾问等非信贷融资服务供给。三是"未富先老"和"未备先老"催生了养老金融服务需求，为商业银行深度参与多元化养老服务体系建设，提供资产管理、基金托管、老年群体消费金融、养老产业投融资等产品及服务奠定了现实基础。四是中国高净值人士多元投资配置的需求增多，由此派生出的财富管理、投资顾问、跨境金融等一体化金融服务需求前景可观。五是国家开展"一带一路"建设，助力企业"走出去"，要求商业银行不断提升跨境金融服务能力，满足海外并购、跨境支付结算、全球资产管理、全球资产托管、跨境电商、国际贸易融资等多层次、宽领域的跨境金融需求。此外，移动互联、大数据、云计算等一系列信息技术的应用和深度融合，为商业银行实现客户精准定位、转变营销模式、拓宽金融服务的深度和广度提供了强有力的技术支撑。

当前，在利率市场化、金融脱媒、互联网科技发展等因素综合作用下，国内商业银行已纷纷把中间业务作为经营转型的重要着力点。各行充分发挥自身优势，把握新机遇，迎接新挑战，不断推进中间业务经营转型，在实践中求创新，在创新中谋发展，形成了百花齐放的发展格局，服务实体经济效率和支持经济转型的能力明显提升。中间业务呈现出专业化运作、特色化发展、移动化营销、平台化服务、综合化经营的新特点。为加强银行同业的深度交流和信息共享，集中展现近期中间业务创新发展成果，由银行业协会中间业务专业委员会牵头开展"商业银行中间业务创新案例"课题研究工作，通过金融业的创新实践一窥风起云涌的市场动向，对国内商业银行中间业务发展具有重要的实践意义。

应当看到，国内商业银行改革发展之路还很漫长。未来，商业银行中间业务仍然面临如何健康、可持续发展的艰巨挑战，提升创新发展效率、强化综合竞争实力、提高服务实体经济能力仍是永不结束的话题。创新与风险同在，提高风险防范能力非常重要。金融这个行业要特别强调与时俱进，强调合规意识和风险意识，到任何时候都不过时。

中国银行业协会中间业务专业委员会主任

中国农业银行副行长　楼文龙

2017 年 3 月

前　言

　　当前，我国正在加快推进建设创新型社会，贯彻落实创新发展理念、实施创新驱动发展战略已经上升为国家战略。2016 年，李克强总理在《政府工作报告》中强调，创新是引领发展的第一动力，必须把创新摆在国家发展全局的核心位置。近年来，随着经济社会发展、资本市场变革和信息技术进步，商业银行面临的外部环境正在发生深刻变化，客观上要求商业银行加快提升中间业务创新发展能力，这既是满足日益多元化金融服务需求、提升服务实体经济能力的客观需要，也是实现综合竞争力稳步提升和自身可持续发展的必要条件。

　　为此，中国银行业协会中间业务专业委员会组织中国农业银行、中国工商银行、中国银行、中国建设银行、交通银行、中信银行、招商银行、中国民生银行、中国光大银行、上海浦东发展银行、华夏银行、兴业银行、平安银行、广发银行等多家银行，共同完成了"商业银行中间业务创新案例"课题。本课题立足于商业银行中间业务创新发展的现实背景，从国内各家商业银行近三年的中间业务管理和发展实践中，搜集提炼、整理分析能够代表中间业务创新发展前沿成果的实践案例。通过对所选案例的介绍分析，一方面充分体现近年来国内商业银行在提升服务实体经济能力、实现创新驱动发展方面所做的具体工作和重要进展；另一方面突出对商业银行中间业务创新发展实践的借鉴和指导意义，推动国内银行业共享发展成果、实现共同进步。

　　本课题共收编各类中间业务创新发展实践案例 60 余个，并按照业务类型进行归类整理，分为十一大类，包括支付结算业务创新、银行卡业务创新、代理业务创新、担保承诺业务创新、金融市场业务创新、托管及养老金业务创新、投资银行及咨询顾问创新、理财业务创新、国际业务创新、电子银行业务创新和综合业务创新等。每个案例均分为"创新背景""创新要点""创新启示"三个部分，从具体的创新实践案例入手，通过对案例特征、发展过程及得失的研究分析，总结并揭示出对当前国内商业银行中间业务创新发展实践具有指导意义的规律。

《商业银行中间业务创新案例》一书对银行业中间业务从业人员具有重要参考价值，由于案例均来自行业发展的第一线，内容真实可靠，对商业银行中间业务创新实践活动具有一定的指导性和启发性。本书课题编撰人员均来自银行业金融机构，具有较为丰富的从业经验和较为扎实的研究基础。当然，由于国内商业银行中间业务尚处于快速发展之中，随着客户需求的日益多样化，各类创新实践层出不穷，本书在编写过程中力求展现各家主要商业银行的最新创新实践，仍难免存在疏漏和不足之处，敬请广大读者批评指正。另外，考虑到国内法律法规、政策环境不断变化的实际情况，本书列举的课题成果不代表对所选创新案例合规性的认可，各家商业银行仍须在依法合规的前提下开展相关创新实践，切实维护金融消费者合法权益。

中国银行业协会中间业务专业委员会

2017 年 3 月

目 录 $

第一篇

支付结算业务创新

| 案例1 |

订货资金收取服务 提升企业整体运作效率

创新背景

HB 公司是一家大型生产加工企业。该公司现有南京、山东、江西等多个生产基地，设立企业销售大区数十家，办事处将近 100 个，直接订货的经销商 2000 多家。2015 年实现营业收入 20 多亿元，净利润将近 5 亿元。

HB 公司属食品加工行业，产品销售完成并实现回款是行业利润实现的最终环节，为分销商提供便利实现快速收款能有效地促进企业整体运作效率。销售环节依靠分销商实现，分销商订货时需向总部预缴订货资金，其特点一是商品价格由生产方单方面确定，不需要线上议价；二是资金单向流动，不需要交易撮合；三是生产方自行组织物流，不需要银行协助；四是分销商点多面广且个人经销商居多，如能在手机渠道缴款将大幅提高便利性和回款速度。而 A 银行的产品特点正好契合了此类商业模式，满足了客户需求，在该行业应用具有非常广阔的前景。

HB 公司在使用 A 银行产品之前，在 A 银行开立基本账户和城区销售资金账户，在 B 银行开立销售资金结算账户。销售公司以及经营商通过电汇或者 B 银行 POS 机预付订货资金。通过电汇方式汇存资金入 A 银行账户，通过 POS 机划卡缴存资金进入 B 银行账户。这样的收款模式，给 HB 公司带来三个问题。

第一，资金安全问题。企业的分销商通过 B 银行 POS 机，开立银行卡，卡片由总部财务人员掌控，客户需要订货时将资金打入银行卡并通知财务人员，财务人员通过 POS 机将资金从销售公司银行卡转入公司账户。由于银行卡异地异人保存使用，增加了资金风险。

第二，财务人员工作量大，容易出错。在销售旺季，每天的订单及资金超过 300 笔，财务人员要根据每个销售公司订货资金金额，使用该公司银行卡进行划卡转账。查找银行卡过程烦琐，浪费了大量的时间和精力，同时容易出现用错卡串户的情况，影响财务管理以及订单发货。

第三，资金时效性问题。资金到账受外界诸多因素，比如营业时间、公司地点、周边银行营业网点、资金汇划成本等情况限制。

A 银行为客户上线该行的产品之后，为客户解决了如下问题：一是提供“7×24 小时”全天候、资金实时到账的服务，在跨行、银联等系统关闭的情况下，春节放假期间保证了客户资金的及时到位，经销商所订产品迅速配送，第一时间进入销售环节。二是在账务处理上，提供每天汇总入账方式，简化了财务人员处理手续。三是企业网银提供缴费明细，方便财务人员对账。

从项目的操作流程看，分行客户端程序与 HB 公司系统对接进行数据交互，缴费平台系统为分销商提供缴款渠道。具体流程如下：一是分销商通过网银、手机、自助终端等渠道缴费，输入查询要素（包括客户编码、业务类型）。二是系统实时调取企业数据库中该分销商的相关信息并展现给缴款人。三是确认无误后输入预存金额，系统将资金划转到 HB 公司指定收款账户。四是系统将缴费成功的信息传递给企业数据库，HB 公司后台形成明细报表。五是分销商可通过网银、手机等渠道查询订货资金预存明细。六是每天日终与 HB 公司实现系统自动对账。

A 银行产品为客户带来了显著的效益，真正做到银企双方的互惠互助。一是减少了人工干预，由纯手工操作变为纯系统操作，人工差错降为零，工作时间从 8 小时压缩到 2 小时。二是加快了资金周转，订货资金由 1~3 天到变为实时到账。三是提高运转效率，资金到账信息与发货系统实时匹配，从 1~3 天发货变为当日即可发货。四是提升了客户市场知名度，只要是 A 商业银行客户均可看到 HB 公司缴费提示页面。

创新要点

本案例的成功，不仅因为 A 银行产品特点契合了 HB 公司此类商业模式，满足了客户需求。同时该行也做好了系统上线、售后培训和服务支持等方面的工作。

（一）单独开发接口，实现企业个性化需求

首先是时间紧、任务急、工作量大。在与客户达成合作意向时，距离企业元旦春节传统销售旺季不足一个月，客户希望在旺季销售中全面推行应用系统。而系统采取直联模式与企业对接，需要单独开发接口、个性化需求单独编程、测试，同时还要为企业端开发程序。一级、二级分行结算与现金管理部门和支行一起到企业对项目进行深入推介，征求企业个性化需求，形成立项方案；一级科技部门用最短的时间完成了程序的开发、测试，二级分行科技部门快速完成了线路的连接、调试。在省行、二级分行、支行三级机构多个部门的通力配合下，按照企业的期望时间顺利完成系统上线运行。

（二）做好售后培训和服务支持

HB 公司分销商层级复杂、机构遍布全国、e 缴费系统使用人员众多，并且已经习惯于传统资金汇划模式，新模式不易被接受。为使分销商了解 e 缴费收款优势并快速掌握操作方法，A 银行支行联合企业开展了"营销中心收款专项营销活动"，鼓励经销商使用产品；协助企业制作操作指南，介绍系统优势、操作流程，展示操作界面、指引截图；后续支行持续做好新增客户操作指导、每月提供个性化对账单、协助客户对账以及升级系统锁定产品种类，减少客户操作失误等工作。

创新启示

该案例有以下两点启示。

1. 准确掌握客户需求

及时发现客户的需求，支行行长、管户客户经理对企业的日常走访是重要的环节，与财务及销售人员的深入沟通是营销的基础，针对企业资金流程现状及存在问题向企业推荐合适的产品是专业性的体现。该行的产品与企业的需求实现完美对接，为项目顺利推进铺平了道路。

2. 清晰把握产品优势

当企业有单向资金归集、不需议价、不需物流的收款项目时，产品能够为企业提供多渠道、全天候、安全快捷的收款服务。在方便缴费用户的同时，实现了企业安全快速收款，大大提高了企业的资金周转率。

| 案例 2 |

网络版支付密码　票据通产品全面提升客户体验

创新背景

A 企业是 W 银行 SZ 支行实体支付密码器的客户。客户经理在与企业沟通时了解到该企业购买支票主要是用来支付货款,企业在 W 银行的结算量月均千万元以上,同时在其他多家银行均有结算业务。客户经理主动上门拜访 A 企业老板,获知该企业与大多数供货商的结算方式主要是使用支票,几年前已在各家银行购买支付密码器,但由于经常出差,随身携带几个银行的支付密码器非常不便,故将向供货商开票、填写支付密码的操作直接交由企业财务一人完成。客户经理及时向老板提示由企业财务独自开票存在资金风险,使其意识到银行虽然向企业发送账务变动的短信通知,但属于事后获知资金变动情况,如果进行事前把关资金会更加安全。

近年来,受购买成本、用户使用习惯、支付环境等方面限制,支付密码器推广应用基本处于停滞状态。随着互联网技术的发展,以及互联网金融的迅速崛起,突破传统、单一的实体应用模式,建立既可免除实体的支付密码器,又能适应客户使用习惯,还能实现安全认证的多渠道网络支付模式势在必行。W 银行积极探索网络版支付密码的创新应用模式,推出了具有 W 银行特色的支付密码网络应用平台——行云票据通产品，成为国内首家将网络版支付密码技术与银行电子金融产品相结合的银行。

客户经理及时向 A 企业老板推荐了该产品，抱着"试试看"的态度，客户开通了 W 银行的行云票据通产品。在出差时，企业财务通过 W 银行微信银行，办理了一笔网络版支付密码业务，系统将票据的要素通过短信发送到老板的手机，老板核对短信内容后，按要求回复短信，快速完成了网络支付密码的复核操作。对比使用支付密码器操作，客户对 W 银行的新产品赞赏有加，认为该产品有效减少内部操作风险，既安全又便捷。

通过客户经理的有效营销，A 企业老板成为 W 银行行云票据通产品的忠实用户，并逐步将企业在他行的结算业务转至该开户行，资金结算量比使用行云票据通产品前增长 200%，并为该行带来了企业及客户本人在他行的存款。

创新要点

W 银行行云票据通产品能够获得客户青睐，主要依托网络版支付密码服务。行云票据通产品借助 W 银行的移动金融服务，将票据支付密码服务整合到电子银行渠道，客户通过 W 银行的现金管理客户端、企业网上银行和微信银行登录到行云票据通系统，录入票据相关信息，系统按照各渠道的流程，生成电子支付密码，并返回给客户，客户将支付密码写在支票后，柜员可根据支付密码去判断票据的真伪，从而防范业务风险，提高票据业务安全性。

该产品具有如下创新特点。

1. 无须购买专用设备

将网络版支付密码技术与商业银行的电子金融产品进行有机整合，客户无须购买专用设备，在提高客户体验的同时有效降低了客户的财务成本。传统支付密码器为了携带便利，不断将密码器的体积缩小，缩小后的支付密码器确实提高了便携性，但由于体积太小，操作不便利，操作体验差;而行云票据通产品,客户输入票据要素的操作界面是通过银行提供的电子移动金融产品的操作界面,客户可以通过电脑键盘或手机屏幕进行输入,提高了操作的便利性和客户体验。

在确保票据安全的提前下,无须另外花钱购买专用的支付密码设备,对包括 A 企业在内的所有客户来说确是一项福音。

2. 手机、电脑可随时申请支付密码

持有传统支付密码器的客户,在办理业务时,必须通过支付密码器计算支付密码后才能够办理业务,如果忘记携带支付密码器,则无法办理业务。

行云票据通产品通过手机就能够办理支付密码申请业务,客户只需通过登录微信银行,即可立即申请支付密码。同时运用 W 银行微信银行的云加密动态密码键盘技术,以及手机 K 码专利技术的双重安全认证,使网络版支付密码业务的安全性大大提高。

将 W 银行的客户电子证书技术应用在网络版支付密码业务,为客户提供申请支付密码的又一条渠道。通过 W 银行的现金管理平台和企业网上银行办理支付密码业务时,客户必须先进行电子客户证书的安全认证,对比传统支付密码器直接操作,网络版支付密码的安全性不容置疑。

用手机代替支付密码器,在安全更有保障的提前下,客户不再为随身携带支付密码器的不便而烦恼了。

3. 灵活设置复核机制

传统支付密码业务,通过单人操作申请支付密码,无法有效控制票据风险,尤其当票据和支付密码器同时丢失的情况下,无法有效保证账户资金安全。

行云票据通产品将 W 银行电子银行产品的复核机制融入支付密码服务中,客户可根据实际需要,按不同的金额档次设置不同的复核人员,从而提高了支付密码业务的安全性。

通过支付密码业务的复核机制,客户可以安全、实时把控账户资金的变动,确保资金更加安全。

4. 开通产品一步签约到位

行云票据通产品经过签约后，客户可以在现金管理平台、企业网上银行和微信银行多渠道使用产品功能，客户可根据实际办理业务的时间和所处环境的需要，随心随意地切换平台。而传统的支付密码业务，客户只能通过支付密码器完成，这就要求客户必须携带支付密码器才能正常办理业务。

行云票据通产品具有多渠道接入的特点，企业可以随时、随地、随心申请支付密码。

创新启示

自行云票据通产品推出后，W 银行支付密码业务快速发展，支付密码用户迅速普及，账户占比从两年前的 20% 快速提升到目前的 56%，通过行云票据通发起票据业务从两年前的 2.2 万笔快速提升至目前的 30.2 万笔。

行云票据通产品的推出，打破了支付密码器单一渠道生成支付密码的限制，进一步提高了票据的安全性，是 W 银行在互联网时代，支付密码业务发展上的一次创新。该产品也为银行同业在票据业务产品的创新上提供了可借鉴的先进经验。

在金融产品与互联网加速融合的背景及账户资金安全有保障的前提下，产品是否是有足够的生命力，客户的体验至关重要。行云票据通产品让客户体验到免费、便捷、随心的优质服务，满足了市场和客户需求，增加了客户对 W 银行的黏合度和贡献度。

创新 SWIFT 渠道代发薪资　提升服务
跨国公司客户专业能力

创新背景

U 集团是世界最大的航空航天和建筑业设备制造商之一，财富世界 500 强企业，总部位于美国。2015 年，U 集团总资产约 900 亿美元，销售收入约 600 亿美元。U 集团在中国拥有悠久的历史，设有超过 50 家子公司，亚太地区收入约占公司总收入的 14%，其中最大的业务板块为电梯业务。

U 集团正在对全球薪酬系统进行整合，将各个国家和地区的子公司独立、分散操作变为总部集中运营，借此提升总部对全球人力资源的管理能力。中国是 U 集团海外投资最大的地区之一，此项目共涉及中国区约 50 家公司，超过 2 万名员工，占 U 集团全球员工数量超过 10%。

此项目自 2014 年下半年启动，经过银企双方近两年的共同努力，2016 年 5 月 C 银行圆满完成了 U 集团首轮代发薪资工作，获得了客户高度认可。此项目成功落地是 C 银行拓展大型跨国公司基础性、战略性业务的重要成果，也是 C 银行代发薪资渠道创新的又一突破，对今后进一步深化与 U 集团全面合作，乃至拓展与其他大型跨国公司客户合作具有积极意义。

创新要点

（一）项目面临的困难和挑战

此项目中，U 集团通过 SWIFT 网络与银行系统对接。由于 SWIFT 渠道代发薪资对于 C 银行及 U 集团都属于新的尝试，因此双方在众多具体工作上都遇到并克服了大量困难。

1. 系统开发

此前国内银行所支持的代发薪资业务均为柜台渠道与网银渠道，U 集团提出采用 SWIFT 直连渠道代发薪资，对于银行来说是全新的业务，也是新的挑战。C 银行需要对现有系统进行快速、有针对性的改造和开发。

2. 外部沟通

U 集团总部对此项目高度重视，由美国总部及新加坡区域总部直接领导并与 C 银行直接对接，而 U 集团美国及新加坡对中国地区的监管要求、银行业务环境等了解有限，双方在语言、时差、文化、银行业务认知及习惯等方面都存在大量差异，为此双方在沟通上克服了大量困难。

3. 内部协调

此项目共涉及 C 银行多个部门及境内机构，前后共有近百名同事参与，内部协调工作量较大。

4. 方案设计

由于 SWIFT 渠道代发薪资对于银企双方都属于新的尝试，双方均缺少经验，因此在流程设计、基础数据准备、双方配合机制、应急及补充方案等各个方面进行了大量、反复的讨论，不断优化产品功能、完善操作流程。

5. 时间跨度

此项目自 2014 年 7 月启动，2014 年年底提交正式需求，2015 年 6 月系统功能投产，随后开始联调测试与优化，前后历时近两年，最后于

2016 年 5 月完成首轮代发薪资，一次性代发成功率为 99.83%。

（二）项目成果的作用和意义

1. 进入 U 集团主要合作银行范畴

此项目由 U 集团总部负责全球薪酬系统的副总裁直接领导，总部司库配合并向 U 集团最高管理层直接汇报。U 集团高层对此项目非常重视，项目正式上线前，该副总裁曾连续一周每日与 C 银行进行电话会议，了解项目进展，研究存在的问题及解决方案。C 银行也先后赴新加坡、美国拜会 U 集团高层，使 U 集团充分体会到 C 银行对此项目的重视及投入的资源保障。此项目成功落地及 U 集团高层的认可标志着 C 银行进入 U 集团主要合作银行范畴，对双方日后合作进一步升级具有重要意义。

2. 带动相关业务发展

此项目的开展带动了相关业务的发展，一是账户。本项目共涉及约 50 家 U 集团在华企业，其中有 30 家是此项目一次性带来的新客户。二是存款。2015 年末 U 集团在 C 银行存款余额较年初增长 60%。三是个人业务。由于 C 银行卡在数据准备及核对、支付优先级、收款时效性、结果报告、错误处理等方面均较他行卡有一定优势，在 C 银行的持续营销下，U 集团部分成员企业已初步决定统一更换成 C 银行卡，对个人金融业务形成有力带动。四是授信业务。通过此项目，C 银行境内分行与 U 集团在华企业建立了直接联系，其在华子公司已开始与 C 银行的分行开展业务合作与沟通，预计未来的合作范围和空间将进一步丰富和提升。

3. 具有较强的复制推广效应

U 集团作为世界 500 强企业，其先进的财务管理模式一直受到同业的关注和模仿，代发薪资项目上线后，已有多家世界 500 强企业与 C 银行开展通过 SWIFT 直连系统进行代发薪资的业务。可以看到，这是大型跨国企业集团较为通用的一种财务管理模式和工具，在未来具备较为广阔的推广空间。

创新启示

1. 组织协调及有效分工是成功的坚实基础

此项目属于新业务模式,组织协调工作任务艰巨。各机构有效分工,紧密配合,快速发现问题并加以解决,为项目成功落地提供了有力的组织和资源保障。

2. 服务跨国公司的能力和经验发挥了重要作用

C 银行在服务跨国公司客户中积累了较丰富的经验,其客户营销能力、现金管理专业能力、业务操作经验均为此项目的顺利推进提供了有力的支持,为项目成功落地做出了重要贡献。

3. 国际化、标准化服务能力仍需完善

大型跨国公司多实行事业部制,资金事物由总部管理及协调,某个区域内的成员企业自主权较小。该种垂直管理的模式要求银行提供的金融服务是高度统一的,而银行各分行在受理具体业务时(如开户、代发业务等)对流程、材料等的要求有一定差异和自主空间,仍需进一步统一和完善。

4. 国际人才队伍建设亟待加强

跨国公司总部为外籍人员,在华企业中外籍员工也占据较大比例,在语言、文化习惯、商业习惯等方面具有特殊性,而跨国公司的事业部模式决定了总部对子公司业务的绝对话语权,也突显"总对总"关系的重要性,因此银行客户经理队伍的国际化经验和能力仍需进一步锻炼和提升。

| 案例4 |

对公自助服务产品创新 实现"随时、随地、随心"的客户体验

创新背景

在银行业务电子化及自助趋势下，对公业务的自助化必将是时代发展的趋势。从客户需求看，传统网点 5×8 小时的服务难以满足对公客户全天候服务需求；从策略选择看，自助渠道建设以成为各家银行提升服务覆盖，提高服务可达性的最佳途径之一，通过自助服务区的建设，打破传统行政规划模式，配合商圈建设规划和速度，抢占增长集聚点先机已成共识；从行业竞争看，同业已在对公自助服务领域蠢蠢欲动；从客观条件看，银行电子化程度及相关设备技术的发展已使对公自助服务成为可能。为此，J 银行提出创新建设对公自助服务产品，围绕账单服务、转账取现服务、预约服务、收费服务、信息提醒等方面进行重点突破，建设全场景、多功能的服务产品。

对公自助服务产品按照"统筹规划、分步实施"的原则积极推进产品和服务创新，2010 年度在 J 银行 Z 分行率先试点创新推出了回单自助服务产品，实现了对公客户回单服务的新模式，对公客户可通过企业自助服务终端设备实现回单、账页自助打印及补打、账户余额及交易明细实时查询等多种服务功能。2011～2012 年度，在回单自助服务的基础上，以单位结算卡服务为突破口，拓展和完善了对公自助服务产品的

结算服务功能，客户不仅能够随时在就近网点自助进行回单打印、明细查询，还可体验 7×24 小时的单位结算卡转账服务，轻松办理结算业务。2013～2014 年度，根据产品在全国推广的业务需求，对该产品进行升级改造，剥离公用功能，搭建通用平台，建设了一个全行通用、易于移植的对公自助服务产品，并完成在全国的推广应用。2014～2015 年度，对企业自助服务终端设备进行优化改造，完成产品在社会公共服务区域或重点企事业单位的离行式部署，实现"随时、随地、随心"的客户体验。

创新要点

（一）产品服务功能

对公自助服务产品依托账单自助服务系统，通过后台管理系统实现系统日常业务管理，并通过企业自助服务终端设备（附行式、离行式）实现客户的自助服务；产品功能覆盖了客户日常账户管理的各项功能，服务对象涵盖所有对公客户，服务方式灵活多样，能够较好地满足客户个性化业务需求，主要包括回单服务、结算卡服务、明细账页服务、预约服务、收费服务、信息服务和设备管理等业务功能。

1. 回单服务

产品实现了回单的集中化、规范化、电子化管理，提供了回单及回单附件的打印、补打功能。在回单管理方面，规范回单生成数据源，完善异常生成回单处理机制，支持多样回单附件生成机制。在回单展现方面，提供个性回单定制功能，可定制清单式回单及特殊类型账户的回单生成方式，使用电子回单专用章加二维防伪码的安全验证机制，方便校验回单真伪，安全可靠。

2. 结算卡服务

客户使用单位结算卡在企业自助服务终端设备上真正实现了"一卡多用、全面服务"，不仅能够随时在就近企业自助服务终端设备上自助进行回单打印、明细查询，还可体验 7×24 小时的单位结算卡转账服务，轻松办理结算业务，并可在转账交易完成后实时取得客户回单；产品还提供支付密码校验，客户可方便进行支付密码脱机校验。

3. 明细账页服务

产品提供了活期、定期、贷款及内部账户明细账查询打印功能。对活期存款和明细账的满页账按日打印，未满页账按月打印；定期存款、贷款明细账按年进行打印。同时，可进行内部明细账、销账类明细账、外汇结售汇明细账、外汇买卖明细账等内部明细账页的查询打印。

4. 预约服务

客户通过离行式企业自助服务设备，自行约定某项对公业务的办理日期、办理网点等内容；受理网点接收到预约信息后安排柜员按时受理，以减少客户排队等候时间。目前提供的对公预约服务有结算产品签约、大额存取款、变更业务、对公人民币结算账户开户。

5. 收费服务

产品建立了完善的费用管理模块，实现客户服务费用的自动计收、分润、递延等业务流程的全自动化处理；提供自动扣收、主动缴费等多种缴费方式，灵活多样的收费方式很好地满足了客户及管理的需求；方便进行费用减免、补收，提高了收费处理的规范性和便捷性。

6. 信息服务

客户可实时查询相关费用、协议信息，还可享受银行提供的短信信息服务。同时，产品完善的查询统计和预警管理功能也将满足业务人员的日常管理需求，并能够按日生成统计报表，对相关业务进行统计；对于异常未生成回单、实时补录错误信息、逾期未补录回单等均提供了预警功能，保证业务处理的时效性。

7. 设备管理

产品依托系统对全辖企业自助服务终端设备实现了后台集中管理，并提供了监控功能，对放置环境、设备主机、打印机、网络均实现了实时监控；对于设备损坏、打印机故障、结算卡吞卡等问题提供短信提醒及邮件提醒功能，提高了设备运维效率，保证了客户服务的有效提供。

（二）产品创新亮点

1. 创新回单服务模式

产品解决了传统电子回单柜人工清分工作量大，物理柜体占用空间较大、易损坏等弊端。通过建立集中化、电子化的回单管理模型，改变了传统回单业务分散打印、传递交换、人工放置、人工补单、客户开箱取单的管理模式，突破了回单服务的物理距离，满足客户跨网点、跨区域的服务需求。

2. 实现结算服务和信息服务的有机结合

客户使用单位结算卡作为介质使用该产品时，既可进行自助账单打印、明细及余额查询服务，同时可进行结算转账，方便快捷。考虑到客户个性化需求，产品还支持在自助设备上进行单位结算卡结算服务或只开通其他服务功能，具备良好的适应性。

3. 实现业务控制规范化

产品通过系统控制实现业务流程电子化、程序化，并进一步规范相关业务管理，特别是对回单业务处理流程进行了再造，在提高效率的同时更好地满足了客户需求，重点包括以下几方面。一是规范回单、账页及附件的格式，将原有48种凭证格式整合成三类，并通过清单式回单、特殊回单生成定制功能，很好地满足了客户个性化业务需求；二是使用电子回单专用章和二维防伪码，解决了回单的盖章和真伪识别问题，并使回单更加美观实用；三是产品完善相关配套制度，重新拟订服务协议，明确银企双方的职责和权益。

4. 参数化管理更具适用性

产品实现业务控制参数化，对回单生成、收费、预警天数、监控时间等实行参数化管理，使系统具备良好的灵活性和拓展性；产品实现业务收费个性化，可按机构、账户、使用功能、打印区域等实现差异化收费；产品实现设备管理集中化，对后台统一实时监控，缩短了设备故障的发现和响应时间，提高了设备管理的集约化程度；产品实现技术处理规范化，使系统具有较强的推广价值。

5. 具备良好可拓展性

系统在设计之初便充分考虑了后期的可拓展性，后台管理系统搭建了机构、人员、角色、业务授权、系统参数等一整套基础管理功能，为后续拓展对公自助服务等其他业务服务功能打下了基础；系统中的信息经过补录等业务环节的处理后更为全面和真实，为客户信息分析提供了更为真实和全面的数据；企业自助服务终端设备具备手写拓展、读卡拓展、空间拓展功能，为后续其他服务功能的添加提供了物理支持。

创新启示

对公自助服务产品填补了 J 银行对公自助服务领域的空白，并在该领域跃居同业领先水平。在渠道建设方面，建立了以"自助服务为主，柜面服务为辅"的对公服务网络，同时实现自助设备的远程集中管理；在产品功能方面，实现以"账单服务为基础，结算服务为特色，综合服务为辅助"的功能体系，产品服务功能不断完善和拓展，服务品质进一步提升，深受广大客户的好评和首肯。

1. 完善对公客户服务体系，实现对公自助网络的全覆盖

对公自助服务产品实现企业就近办理和全天候业务服务，将扩大银行金融服务设施的覆盖面，打造"银行始终在客户身边"的全场景金融服务。目前 J 银行已在全国各营业网点布局 1.5 万多台附行式设备，在多个重点企事业单位布局 30 多台离行式设备，后续将根据业务发展规划继续拓展应用，使对公客户服务能力将得到有效提升。

2. 满足客户多样化需求，提升客户服务体验

对公自助服务产品以优质、高效、智能的服务赢得客户，通过立足于基础账户和结算服务，根据客户需求灵活定制产品，提供以信息增值服务为核心的综合金融服务，实现个性化品牌服务，进一步提升客户的满意度，夯实对公客户基础。

3. 拓展结算服务渠道，促进产品的联动营销

对公自助服务产品提供了新的对公自助服务渠道，借助该渠道既可

实现账单打印、结算转账等服务，又可有效带动单位结算卡、信息服务等业务的发展；同时，该渠道也建立了产品推介的新路径，有助于客户及时获取最新产品信息。

4. 有效实现业务分流，强化柜面营销作用

对公自助服务产品在满足客户对公自助服务的同时，有效地减轻了柜面业务量，使得原来大量的人工处理环节得以省去，对于减轻柜面压力、降低营运成本起到了良好效果。同时，通过人机交互功能实现客户需求的反馈和收集；通过对后台数据的加工整理，勾勒客户营销视图，促进了柜面营销的精准化水平，实现该行对公业务的又快又好发展。

5. 拓展客户数量，提高中间业务收入

对公自助服务产品的推广应用为对公客户提供了新的服务渠道，为对公客户服务模式的转变提供了有益思路。目前，全行签约使用账户高达491万户，累计收入贡献超过15亿元，年收入贡献稳定在5亿元以上，月均打印账单量超过4000万张，已成为该行对公客户最基础、最依赖的日常服务。

利用监管政策红利　营销客户跨境现金池产品

创新背景

2015 年，人民银行及国家外汇管理局分别下发《中国人民银行关于进一步便利跨国企业集团开展跨境双向人民币资金池业务的通知》（银发〔2015〕279 号）、《跨国公司外汇资金集中运营管理规定》（汇发〔2015〕36 号），使得跨国公司实现在境内外成员企业之间开展跨境人民币和外币资金余缺调剂和归集业务，促使跨国集团在全球范围内调配资金，进一步优化"总部经济"政策环境，使得跨国集团在中国设立亚太区财务管理中心或全球区域结算中心成为可能，也对境内商业银行深度参与国际竞争，创新拓展金融服务提供了难得的新机遇。

A 创新科技有限公司是一家全球增长最快的科技企业，从"创客"到全球无人机领跑者，A 公司在全球商用无人机市场中的市场占有率达到 70%，近四年的销售增长率持续保持在 200% 以上，2015 年全年销售收入超 60 亿元。作为无人机领域的领头羊企业，A 公司已成为深圳乃至全国具有代表性的高新技术公司，得到了政府、监管机构的大力支持和认可。如此一家高价值、有潜力的优质企业，自然是各家银行争相营销的对象，而 Z 银行打出属于自己特色的产品，进而得到 A 企业的认同。

如何将对的产品运用到对的客户，找"痛点"无疑是一条捷径。A

公司作为高新技术企业，随着规模的不断壮大，海外市场份额相应增加，A公司境内成员公司与境外成员公司涉及的跨境人民币结算量大幅增长，从2012年的0.8亿元迅猛增长至2014年的15亿元，产生了大量的跨境人民币收付汇业务。此外，A公司的主要销售市场在境外，其销售额中有70%以上是境外市场贡献的，而公司的原料采购、组装、新产品新技术的研发都集中在境内，境内外资金分布不均衡，由此产生了强烈的跨境资金调拨需求。与此同时，境内外资金使用时间不平衡、流通渠道不畅通、银行操作不同步等问题也日渐增多，原有的调拨模式已不能满足A公司的需要，影响了集团资金整体规划，企业亟须寻找新的更为便捷的跨境资金调拨途径。

"痛点"找到了，怎么"对症下药"呢？"跨境双向人民币现金池"正好契合了A公司的需求。乘着2015年9月监管进一步放松业务准入门槛、提高跨境资金流入额度的东风，Z银行S分行抢先其他同业在第一时间完成了资料搜集、方案撰写和监管上报工作，保证了A公司成为新政下发后该地区第一批获批业务办理资质的企业。通过跨境现金池通道，A公司无须逐笔审批，就可以根据自己的需要，在监管核定的额度内进行跨境资金调配，将境外成员企业富余的资金调入境内企业用于生产经营，有助于进一步优化流动资金管理。

"痛点"化解后，收益也就随之而来。纳入跨境现金池管理的境内外成员企业均在Z银行体系内开户，账户余额实行一定方式的归集，为Z银行营销集团内成员企业客户并拓展境内外的本外币存款提供了天然来源，同时也有效绑定集团客户的结算、结售汇、融资等各项业务，为Z银行带来了可观的中间业务收入。

创新要点

为配合跨境现金池业务开办，Z银行跨境现金池在系统建设中进行专门的技术开发，并设计出全新的业务流程，实现了产品创新。具体产品创新要点如下。

1. 实现跨境额度系统自动控制

通过系统实现跨境资金净流入额及净流出额自动控制，通过 Z 银行核心业务系统设置净流入额度及净流出额度，超过监管批准净流入额的资金调拨，系统自动拒绝交易，确保业务合规。客户可通过柜台、网上企业银行、银企直联等多种渠道查询剩余可用及已使用的净流入额度和净流出额度信息，方便客户操作及内部管理。

2. 实现全球账户统一管理

统筹整合跨境金融海外联动平台的服务资源，建立以"全球一户通"为形象的服务体系，以网上企业银行、跨银行现金管理平台、SWIFT 等渠道为载体，协助跨国企业统筹管理其在 Z 银行开立的境内、外各类账户及境内外他行开立的账户信息，全球账户交易信息实时监控及传递。

3. 高效的资金归集与运作

Z 银行现金池产品支持多层级账户结构，可按照客户需求灵活设置资金自动上划卜拨规则和大额资金手工临时划拨，完成母子公司之间资金快速便捷划拨，同时支持多种内部额度管理功能、内部计价及自动结息功能，便于客户提前设定资金计划及计算现金池各子公司对母公司的贡献度。此外，还支持日间透支功能，用于子公司临时用款，提升现金池效率。

4. 实现境内外一体化的服务模式

Z 银行充分发挥"境内外 + 离在岸"联动平台，境外子公司可选择在 Z 银行开立离岸账户，并搭建离岸现金池，可以解决跨国公司境外各地金融服务能力参差不齐、跨国家、地区、时区归集难度大，信息化成本高等问题，以及国内外汇资金管制的不便。离岸资金管理具有总对总合作模式下统一的服务平台、统一的系统平台，有效降低跨地区沟通与管理成本、提高归集效率、降低非系统性风险，并享有一次性银企直连接入、信息化建设和维护成本低等优势。让客户在境内享受便利、低成本和全球化的资金管理服务。

5. 提供完善的业务服务方案

Z 银行根据外部监管政策，专门制定并向全行下发《Z 银行跨境现金池业务操作规程》，按照监管规定制定业务流程、信息报送、监督管理等，确保业务合法合规。并成立由总、分、支行组建的营销团队，为客户提供定制化的综合解决方案，并充分发挥交易银行"现金管理 + 跨境金融"的融合优势，共同推进业务发展。

创新启示

营销推广跨境现金池时可通过以下几个途径实现。

1. 与监管机构密切联系，自上而下锁定目标客户

与当地人民银行和外管局保持密切联系，了解本地区哪些跨国企业符合政策要求可开展跨境业务，当地人民银行和外管局对于试点企业有何意向，这是寻求现阶段目标客户的快捷路径。

2. 与大型集团企业积极沟通，自下而上协助申请试点

与多家大型集团企业保持持续沟通，尤其是已在银行开办境内本外币现金池的客户，了解其对跨境现金池业务的兴趣程度，对于有明确合作意向的企业可积极帮助其向当地人民银行或外管局申请备案。

3. 利用自贸区等区域试点政策把握试点商机

上海、广东、福建、天津自贸区等试验区一个重要的创新方向就是便利、扩大跨境人民币使用管理，促进跨国公司设立区域性或全国性资金管理中心。可充分利用上海、广东、福建、天津自贸区等试点的政策红利，了解进驻企业需求，及时把握试点商机。

第二篇

银行卡业务创新

案例6

创新流程联动营销收单业务

创新背景

李某是 A 商业银行 B 分行（以下简称"AB 分行"）银行卡业务部的一名收单业务经理，负责辖内的收单商户业务发展及推动。2015 年，全行大力推广商户网格化营销，即将商户拓展任务落实到网点，发动网点营销人员进行收单商户拓展。2015 年的一天，在一次例行的支行网点商户网格化营销推动指导过程中，李某发现网点收单业务营销人员不知道通过何种渠道接触业务的潜在目标商户，而网点的对公客户经理及个人客户经理基本不参与收单业务营销拓展。他在巡查过程中还发现，网点经常收到法人客户申请办理对公开户业务。他进一步了解到，一家餐饮连锁企业的对公客户，经营情况良好，实力雄厚，管理完善，李某的业务敏感性提醒自己，也许这家企业需要同步办理收单业务。而网点人员只是提供对公开户服务，并未询问其是否需要收单业务服务。

从网点回到卡部，李某深深感到网点人员的营销意识不足，但归根结底是管理者的营销意识不足、管理手段不足。要从根本上解决这个问题，除了培训以外，更好的办法是从制度上、流程上创新营销方法。李某将想法向所在部门负责人做了汇报。

针对以上问题，李某所在的部门负责人组织制定了一套流程嵌入工作方案即"对公新开户嵌入收单营销工作流程"，很好地解决了"不知营销谁、不知谁营销"的问题。一是深挖潜在客户、找准目标，即通过在网点对公客户新开户的同时，将餐饮业、房地产业、纺织工业、建筑业、零售业、批发业、社会服务业、信息传输业和住宿业九大行业作为新开户收单营销的重点目标客户，实现新开户收单营销与网点商户拓展维护工作的有机融合，对近期新办对公开户业务的客户回头进行收单业务营销。二是在对公客户新开户时，通过系统控制，将是否已营销收单业务嵌入对公业务办理的过程中。三是根据制定的"对公新开户嵌入收单营销工作流程"要求，培训强化网点对公临柜人员或客户经理的营销意识，将收单业务合作协议与办理对公客户新开户协议文本摆放在一起，切实开展对公客户新开户同步营销收单工作。四是落实好营销、管理、推动三个环节岗位责任，即对公业务柜员承担新开户客户识别及营销责任；网点负责人承担在签批新开户时，对未成功营销收单业务的审核管理责任；市行卡部承担常态化督导、回头营销工作推动责任。五是落实收单业务营销人员考核激励机制，引入正负激励机制，将收单业务回佣收入与人员绩效挂钩，极大鼓励了员工的营销积极性。六是做好 AB 分行辖内的督导和定期通报工作，定期收集分行重点营销工作开展较好的支行先进案例，在全分行宣传推广。

经过一段时间的培训督导及营销实践，配合支行网点的收单业务考核激励措施的落实，AB 分行的收单商户拓展业务取得了很大的突破。

创新要点

1. 深挖目标

李某敏锐地发现前来办理对公新开户业务的客户是潜在的收单商户目标客户，但由于营销意识淡薄，错过了当时营销的第一接触点。于是李某组织整理了分行辖内近一年来新开户的对公客户，深挖潜在客户，筛选出合适开展收单业务的行业，作为新开户收单营销的重点目标客户，实现新开户收单营销与网点商户拓展维护工作的有机融合，对近期新办对公开户业务的客户回头进行收单业务营销。

2. 业务流程嵌入

在营销过程中，通过系统控制，将营销收单业务嵌入对公业务办理的过程中，做到营销目标的无一遗漏、无一错过。

3. 自下而上的创新思维

李某在网点发现问题和收单业务营销切入点后，回到卡部向相关领导汇报了网点营销特点及相关情况，领导层高度重视员工的创新思考和建议，于是迅速开发并上线了系统，优化了工作流程，提高了营销效率及成功率。

创新启示

该创新案例有以下四点启示。

1. 要提高营销人员的营销意识

营销素质的提高重点在于培养营销人员的营销意识；同样，也需要中高层管理者具备高水平的营销意识和管理意识。营销机遇无处不在，在网络高度发达的今天，足不出户也可以挖掘到优质客户；这需要识别客户、分析客户，建立应对此情况工作流程的能力。

2. 要熟悉自己的产品或业务

李某正因为熟悉收单业务的特点，又认真观察、敏锐发现，才将对公新开户业务将收单业务营销创新融合在一起；在带动收单业务发展的同时，也会促进对公业务发展。

3. 要加强培训指导，做好后续工作指导

在优化工作流程后，分行进一步开展培训工作，强化网点对公临柜人员或客户经理的营销意识，将收单业务合作协议与办理对公新开户协议文本摆放在一起，切实开展对公新开户同步营销收单工作。分别由不同责任人落实好营销、管理、推动三个环节岗位责任，责任到人，落实到位，切实发挥各级人员的作用。分行要持续开展市行、支行、网点层级收单业务培训，尤其要做好面向一线营销人员的新型业务培训，让其熟知目标商户营销策略及本行的配套产品与服务，切实做好为一线服

务，建立有效的业务支持指导体系。

4. 分享营销经验，做好通报奖评

一是定期收集分行所属重点营销工作开展较好的支行先进案例，在全分行宣传推广。二是按月通报所属支行网点业务推进工作情况，按月提供相关报表及成绩，为分行各级机构的考核评价与绩效分配提供数据支撑。

| 案例 7 |

e付卡创新　开启便捷、安全、高效的
无卡支付新时代

创新背景

2015年3月，李克强总理在政府工作报告中首次提出"互联网＋"行动计划后，阿里巴巴、腾讯等互联网公司陆续推出面向中小企业和个人客户的全网络贷款模式，支付宝、微信支付也以虚拟账户的形式渗入线上线下支付的方方面面。在互联网经济发展如此迅速的当代，J银行正力求变革传统信用卡形式，以更好地满足移动互联网时代更加方便快捷的支付结算需求。

J银行通过数据分析发现，中国有47%的持卡人处于18～28岁的年龄段，他们中约有74%的人喜爱网购，他们习惯使用自己的手机、电脑、iPad享受服务，他们喜欢使用支付安全、权益丰富的信用卡。针对此类人群及用卡场景，2015年年底，J银行推出了一张真正意义的网络信用卡——e付卡，并与各大卡组织共同携手，为客户提供优质的线上线下支付体验，开启便捷、安全、高效的无卡支付新时代。

创新要点

不同于实体介质信用卡，e付卡是一张全新的网络虚拟信用卡。客

户可实时在线申请，成功申办后，通过自助渠道获取卡片信息，即可开始用卡。作为一张虚拟卡，e付卡可保证线上线下支付场景的全覆盖。用卡过程中，客户还可随时在自助渠道中自主进行卡片安全设置管理，保障用卡安全。

1. 快速申请，即办即用

客户可通过自助渠道申请办卡，J银行的已有卡客户和预审批客户可实现快速发卡，审批通过后将通过短信告知，从申请到发卡全程仅需3～5分钟。e付卡为虚拟卡，不发行实体卡，因此卡片审批通过后无制卡、邮寄环节，客户获取卡片方便快捷，体验较好。客户也可随时通过短信或建设银行手机银行、个人网银的专属"e付卡"菜单查询卡片的信息。

2. 全网络交易，一卡购遍全球

e付卡进行网络在线支付时，可满足各类卡组织支付、网银支付和各类第三方快捷支付；线下支付时可与云闪付（包括Apple Pay、HCE、Samsung Pay）等移动支付工具结合，进行线下POS机消费和ATM取现交易，从而实现了线上线下支付场景的全覆盖。

3. 全方位防护，交易开关防盗用风险

e付卡作为一张具有交易开关功能的信用卡，客户可通过J银行手机银行、个人网银中专属的"e付卡"菜单，设置卡片的交易开关，随用随开，用完即关。同时，还可设置单笔交易限额和交易短信提醒功能。三重保护，提供全方位的安心购物之旅。

4. 全币种支付，海淘交易免货币兑换费

e付卡在境内外通用，可在各大海淘平台及境外购物网站畅行支付，用外币交易可以自动购汇，折算为人民币记入账户，且免收外汇兑换手续费。

创新启示

1. 拓展虚拟化介质产品，满足更多客户需求

e付卡作为创新的虚拟信用卡，有着快速、方便、安全的特点，可

更好地满足移动互联网时代的支付结算需求，对客户来说也是一种全新的用卡体验。未来可将该产品的特性进行拓展，研究更多种卡产品的虚拟化，同时思考为客户提供任意卡产品的"介质可选"的服务。

2. 节约成本，提高业务收入

e付卡不发行实体卡，通过电子渠道实现快速办卡，并通过互联网提供服务，提升信用卡服务和作业效率，节省制卡、寄送、人工客服等成本。

3. 拓展自助渠道服务，实现业务分流

客户使用e付卡，能够自主地通过J银行手机银行、个人网银设置交易开关、限额，降低交易时卡片被盗用的风险。e付卡进一步完善了互联网服务客户体验，减少人工客服受理量。同时，因其提供了申请、支付、服务、还款等全方位全流程的电子渠道客户体验，J银行可以更准确地了解客户用卡信息，掌握客户的行为数据，为信用卡精准营销、风险管理和客户服务提供大数据支持。

| 案例 8 |

跨界互联网巧借势　菁英跑场景化获取
客户营销效果显著

创新背景

　　2015 年是 X 银行菁英卡推出的第一年，获取客户（以下简称获客）是首要命题。移动互联网的发展，年轻人不再去网点，年轻用户对借记卡没有感觉，用户没有动力再办一张借记卡。X 银行面向 80 后和 90 后年轻人推出的借记卡菁英卡面临获客的挑战。如何实现营销破局是菁英卡需要解决的营销命题。

　　需要客户，就需要从用户身上需求突破。通过对 80 后和 90 后用户的研究发现：80 后和 90 后是互联网的"原住民"，年轻的用户都聚集在网上。在对用户扫描中发现，80 后和 90 后也是个性的一代，他们更加注重自我感受，他们喜欢美食、运动，阅读，以及互联网上有趣的一切，而这些场景，背后都有金融需求。用户不用到网点去，就可享受到银行的服务，基于这样的理念，菁英卡开始尝试探索以互联网获客。

　　从哪里切入用户的生活呢？在对用户的研究中发现，80 后和 90 后追求高品质的生活，尤其是城市生活的年轻人开始注重运动健康。移动互联网时代，社交成为连接一切的基石，年轻客户热衷展示自我，跑步就是最低门槛的保持身体健康并拥有一个美好外形的运动方式。在整个社会环境下，彩色跑（Color Run）、马拉松等跑步活动的热度持续上升，基于对用户的研究，菁英卡锁定了跑步运动领域，向跨界拥有6000万用户的运动 App 咕咚发起了 X 银行菁英跑活动。

2015年，菁英卡通过对年轻人最热的跑步运动切入，借势互联网平台和流量优势，跨界运动 App 及众多合作伙伴发起菁英跑，通过设计"1公里=1元钱"的活动规则，将里程与金融收益挂钩，实现了金融产品与跑步活动自然的连接。同时，采用用户在线上参加跑步活动，在线下办理业务领取奖品的方式，有效地实现了将线上客户引流到线下，进行营销转化，创新 O2O 营销模式，实现了互联网的"获客"，6～9月，菁英跑线上吸引了4万个用户参与，线下20万人跑步，直接带动了菁英卡开卡量的提升和产能提升。在活动期间，菁英卡开卡量激增，菁英卡用户突破200万户，交叉营销效果显著。

为了更好地接引和营销转化客户，2016年菁英卡跨界联合爱奇艺、当当读书、ENJOY 精选美食电商和悦跑圈四大互联网合作伙伴，升级了理财、观影、阅读、运动和美食五大权益，通过权益转化和刺激用户办卡需求。不仅如此，此次菁英卡升级将合作伙伴变成了常态化的权益伙伴，将权益固定下来，每月达标用户皆可享有，这样的变化一定程度上提升了菁英卡的活卡率，激活了用户对借记卡的使用需求，有助于客户能量的提升。

2016年，菁英跑再升级，跨界拥有2000万个用户且用户活跃度更高的运动 App 悦跑圈发起菁英跑活动，优化用户参与流程，通过"黄金红包助跑""卡路里奥运会""跑步分黄金"三大趣味主题活动，通过"跑步3公里抢黄金红包"以及"跑步3公里分金等"规则设计，深度植入了全新产品积存金，通过渠道的合作引入了无差别激活的勋章资源，进行深度吸引悦跑圈平台用户。联合信诚基金和当当读书、EN-JOY 精选美食等菁英卡权益伙伴，多渠道吸引客户，2016年"菁英跑 寻找黄金跑者"主题活动，首发任务"黄金红包助跑"活动上线1个月，悦跑圈线上活动专区活动就有近6万个用户参与，再次掀起跑步营销的旋风。

布局运动场景，深入挖掘运动背后的金融潜力，菁英跑还在持续的探索和升级中。2016 年菁英跑联合悦跑圈搭建了银行系第一个客户跑团——菁英跑团，深度布局运动场景，帮助分行转化平台客户的同时，实现线上线下立体化的跑步营销。

经过两年的积累，菁英跑无论是营销效果还是活动影响力上，都已成为业界炙手可热的营销 IP。目前，基于悦跑圈的赛事资源实力，菁英跑正在与悦跑圈接洽进行菁英跑升级，将菁英跑打造成专业的跑步赛事 IP，设定菁英跑里程，上报申请成为在册的 IP 性的跑步赛事。

创新要点

移动互联网时代，互联网的风潮来势汹汹，互联网金融发展迅猛，传统银行的营销转型势在必行。而驾驭好互联网是防御互联网金融冲击和实现营销转型突破的关键。在本案例中，菁英卡巧借互联网平台和流量优势，通过跨界合作发起菁英跑大型主题营销活动，创新 O2O 获客模式，借力打力，实现了互联网"去网点化"获客难题下的营销破局。此外，经过两年的积累，菁英跑已成为业内炙手可热的跑步 IP，深度布局运动场景，探索独特的获客经营之道，也为今后互联网营销积累了经验教训。

1. 优势互补，传统金融接驳互联网巧借势

移动互联网时代，互联网拥抱金融，金融转向互联网。互联网有着传统企业不可比拟的平台和渠道优势，而银行专业的金融服务能力能够帮助做场景应用的互联网企业更好地满足客户的金融需求。本案例中，菁英卡从年轻人喜欢的跑步切入，传统金融跨界互联网，先后联合拥有互联网流量的运动 APP 咕咚和悦跑圈发起中信菁英跑，借助互联网平台优势实现了互联网获客。

2. 总分联动，创新 O2O 营销模式

2015 年，菁英跑咕咚上线活动专区，设计"1 公里 = 1 元钱"跑步里程兑换薪金煲份额的活动规则；2016 年"菁英跑 寻找黄金跑者"上线悦跑圈活动专区，三大趣味主题分别设计了"跑步 3 公里抢黄金红

包""跑步消耗 200 大卡抽菁英好礼""跑步分黄金"的活动规则，将积存金和薪金煲等产品深度植入活动中。在增强活动趣味性的同时，实现了跑步与金融产品的自然连接；在线上吸引客户参与后，再将客户转引到线下开展活动；线下主题跑活动推介线上活动，线上线下实现双向获客，形成了营销闭环。创新了"互联网＋传统金融"的 O2O 模式。

在本案例中，菁英跑活动充分发挥了银行总行和分行的联动优势，"总行搭台，分行唱戏"。在总行层面，跨界合作伙伴在线上发起活动，为分行搭建营销平台，将在线上活动的大量客户引导至线下。与此同时，升级菁英卡权益，为分行提供营销工具和抓手，辅助分行开展线下活动接引转化客户并深度经营。在分行层面，在总行的统筹下，联合当地跑步团体、媒体及商户等开展丰富的属地化线下主题跑活动，将其转化为线上客户，开展线上与线下的交叉营销，深度挖掘客户潜能。此外，分行以菁英跑活动为契机，进企业、进"代发"、进社区开展外拓营销，激活了分行的线下营销势能。

3. 跨界联合，布局场景多渠道获客

互联网金融的发展，年轻人生活和消费转向线上，传统银行网点获客营销式微，在这样的背景下，菁英跑充分发挥了 ZX 银行网点渠道价值，利用全国银行网点的渠道优势，跨界联合五大基金公司、黄金公司、咕咚、爱奇艺、《时尚健康》杂志等多个品牌发起菁英跑，多渠道吸引获客。2016 年中信菁英跑又携手悦跑圈、当当读书、ENJOY 精选美食电商、爱奇艺等合作伙伴一起开跑，多场景布局，吸引合作伙伴的活跃客户，拓展了菁英卡的获客渠道，菁英跑已经不仅仅是一场跑步活动，而成为一个实现多方互利共赢的营销 IP。

4. 整合内外资源，线上线下聚合营销

菁英跑充分整合了内外部资源，对内统筹全国 38 家分行，1000 多个网点开展丰富的线下主题跑和宣传，盘活了内部渠道的营销势能。对外整合众多合作伙伴的平台流量和传播渠道，集合外部营销势能。通过线上线下配合开展营销促动，壮大了活动声势，也提升了活动的参与度。

5. 深度结合产品，打造营销 IP

菁英跑秉承营销不脱离产品的理念，自诞生之日起就注重营销内容的打造，与传统的跑步营销活动不同，菁英跑一改跑步活动的枯燥、苦情，注重活动趣味的打造，在线上发起"1 公里 = 1 元钱""跑步抢黄金红包"和"燃烧卡路里赢好礼"等趣味主题活动的同时，在线下打造了"红色 3 公里""荧光环湖夜跑""亲子跑""卡路里奥运会"和"黄金猎人跑"等丰富的趣味主题跑步活动，在提升活动趣味性的同时，也形成了业界不可复制的营销模式。

创新启示

该案例有以下几点启示。

1. 树立与时俱进的营销意识，创新营销方式

互联网时代的营销环境瞬息万变，唯有树立与时俱进的营销意识，顺应时代发展，不断创新营销方式满足客户的需求，才能在互联网的浪潮中，将互联网的挑战转化成互联网营销的机遇，实现自身的营销破局和业绩提升。

2. 修炼内功，立足产品进行营销创新

互联网的发展固然对传统银行业带来了冲击，改变了传统的营销方式。在这样的环境下，银行更应该挖掘自身的金融优势进行营销创新，在新的营销环境下，挖掘银行网点渠道和银行专业金融产品和服务的全新价值。在菁英跑的催化下，菁英卡进行趣赚（理财）、趣跑（运动）、趣看（观影）、趣读（阅读）和趣享（美食）五大权益升级，通过场景化布局，实现对产品吸引力的构建和提升，菁英卡产品本身在互联网不断冲击的情况下也不断得到完善。立足金融产品本身，嫁接互联网的渠道和平台，持续探索对银行产品吸引力的构建，促进金融服务水平和业务能力的提升。探索互联网营销的未来，"金融 + 互联网"的潜力大有想象空间。

3. 巧借外力，持续探索互联网渠道获客

互联网企业有着传统行业无法比拟的渠道优势和平台流量，互联网金融的发展，为传统金融的发展注入了新鲜的血液。随着移动互联网的发展，用户对金融产品的需求只停留在单一的产品上，场景即产品，场景化金融大行其道，菁英跑率先通过跨界联合的方式，进行"金融 + 运动"的场景化布局，巧借互联网的优势实现获客。顺应互联网的发展趋势，将互联网的势能通过"金融 + 场景"的方式进行营销转化，持续探索互联网获客。

案例 9

"互联网 +"下的大数据营销　成功拓展跨界融合新渠道

创新背景

2016 年 3 月 27 日，A 银行信用卡中心与 B 公司宣布推出了联名信用卡，大家亲切称为"小白卡"，上线 5 天申请量突破 9.5 万张，上线 10 天申请量突破 19 万张。2016 年 7 月末，小白卡上线仅 4 个月，发卡量近 18 万张。与此同时，截至 2016 年 4 月中旬，A 银行信用卡中心的总发卡量达 3000 万张，小白卡的成功发行成为 A 银行信用卡达到新里程碑的能量源和助推器。

小白卡从最初的概念雏形到横空出世，经历了近一年的时间。这一年，小白卡从无到有，从普通到卓越。2014 年和 2015 年，A 银行总分行加大了互联网项目和营销活动，在互联网发卡方面更是取得不俗的成绩。2015 年，结合互联网发卡的成功经验和缺乏与互联网巨头深入合作的不足，A 银行信用卡中心决定与互联网巨头 B 公司合作，以大数据为纽带，共同探索消费金融和互联网金融的跨界融合新渠道。

在产品初步设计阶段，A 银行将同属性竞争的思路转变为差异化经营思路，着力凸显 A 银行的独特优势，将目标转到境外，在打造银联卡的同时，还跟 Visa 国际一起，共同打造一张专属于境外消费的卡片，满足了不同的消费场景。这个策略提出之后，双方一拍即合，这为下一步跨界合作奠定了坚实的基础。

为了将小白卡打造成一款深受用户喜爱、性能卓越的信用卡，A 银行充分利用 B 公司在互联网领域的优势，结合大数据技术在创新产品方面下足了功夫。A 银行和 B 公司把商业信用和金融信用叠加，通过多方的数据和征信系统，让用户得到最大的信用释放。同时，用户还可以享受境外消费返现、专属签证办理、出行专享 100 万元出行意外保障、手机退税、机场贵宾厅等一系列出行特色服务。值得一提的是，Visa 版的小白卡是一款全币种联名信用卡，除了具有上述功能外，还包含了免货币转换费、Visa payWave 非接触式支付、EMV 芯片等特色，更加全面地满足当下年轻人的境外购物消费金融服务需求。

小白卡深受客户喜爱的原因还有它的颜值。小白卡参考了市面上最流行、最受大家欢迎的一些因素，卡面经历几十次设计，最终打造了两张卡，一张金箔 Visa 卡、一张银白银联卡。

除此之外，在信息和产品极大丰富的现代社会，贴近用户心理诉求、有效抓取注意力的营销推广至关重要。为了提升项目的吸引力和社会影响力，A 银行联合 B 公司，整合双方优势资源，策划了一套全方位的营销体系。不仅用"Hello World"（世界我来了）的宣传主题，抓住青年用户群体，获得他们的共鸣，将用户对梦想、青春、旅行的热爱投射到信用卡产品上，还依托 B 公司的平台优势以及大众传媒和自媒体的传播效应，多渠道展示推广入口，增强社会关注度。

目前，小白卡还在持续发力，这一能量源正助力 A 银行信用卡快步向前。

创新要点

互联网与大数据的兴起，无疑给传统金融机构带来了新的机遇。在本案例中，A 银行顺应趋势，找到与互联网企业的完美契合点，成功实现跨界融合，值得借鉴。

1. 利用互联网思维，将大数据营销真正应用到信用卡业务

当前，"互联网＋"、大数据、云计算等科技不断发展，互联网思维成为新的思考与处理问题的方式，这也促使我们对市场、用户、产品、企业价值链乃至对整个商业生态进行重新审视。近年来，A银行顺应时代趋势，在网络资源整合和推广方面持续发力。在本案例中，小白卡的成功营销，就是利用互联网数据、消费数据、物流数据、供应商数据、信用卡数据，并对这些数据进行了深度挖掘，在数据中挖掘需求、满足需求、引导需求。与此同时，A银行依托B公司的客户消费数据、信用数据等大数据优势和风控积累，对申请信用卡的客户进行数据匹配，根据人群特征、征信、购买力等要素制定审批授信规则，形成多维立体的风控模型，实现了有效管控风险。

2. 充分了解合作方的比较优势，找到合作的契合点

此次合作的成功很大程度上取决于A银行对合作方的充分了解，在项目合作之初，A银行和B公司的出发点都是要打造带有双方基因，能够发挥双方优势的强势产品。基于这个出发点，双方各自分析了自己的比较优势。

A银行充分利用B公司在互联网领域的庞大平台和流量优势，全面梳理了B公司的线上资源，选取对信用卡产品有促进作用的大数据，作为研发联名卡的切入点。同时，A银行了解到B公司有意开发境外白条①业务，A银行在与B公司达成数据共享的同时，将同属性竞争的思路转变为差异化经营思路，凸显自身的独特优势，将"互联网＋"概念的信用卡适用领域从境内拓展到境外，目的是满足更多年轻消费者出境游的梦想。

3. 与合作企业深度跨界融合，为用户争取更多权益

在本案例中，小白卡集中了A银行与B公司白条的多种服务，A银行与B公司创新性地实现了跨界融合。A银行引入B公司在客户消费和个人征信上的大数据，将其融合到信用卡申请和审批全流程，缩短

---

① 一种先消费、后付款的支付方式。

了客户从办卡到领卡的时间，高效满足了广大客户的实际需求。同时，为了为用户争取更大权益，增强联名卡的竞争力，A 银行进一步与 Visa 公司洽谈合作，共同打造一张专属于境外消费的卡片，卡片融入了 Visa 在全球支付网络和全球宣传渠道的优势，通过 Visa 覆盖全球的受理网络和便捷安全的支付技术给小白卡的持卡人带来更好的支付体验。

通过这种合作，不仅为用户争取到更多的权益，而且有利于提高合作方的品牌知名度与市场影响力。

创新启示

该案例有以下三点启示。

1. 顺应时代潮流，在谋新、谋变中谋发展

近年来，互联网风起云涌，互联网金融的兴起给传统金融机构一定的冲击。但是，市场是残酷的，也是公平的，如何在这一大潮中谋创新、谋变革成为传统金融机构能否健康快速发展，提高市场占有率的关键。因此，传统金融机构应该结合时代因素，积极拥抱互联网、拥抱大数据，寻求与互联网企业的跨界融合。比如，在产品、流程、风险评估体系、营销推广等各个环节都需要创新性地融入互联网因素，进而打通两者的用户体系，输出双方的风控能力，实现优势互补。

2. 项目产品设计始终从提升客户体验与金融服务效率出发

各行各业都在谈"以用户为中心"，简单来讲，就是"思考用户需要什么"，在进行产品设计时从用户的需求和用户的感受出发，"以用户为中心"设计产品。尤其是在互联网时代，用户体验产生的大数据即是品牌、即是口碑，信用卡业务开展也是如此。信用卡产品在设计过程中，需要围绕需求策划权益活动，提升信用卡价值和吸引力，在满足用户不同消费场景需求的同时，优化申请和审批流程，提高用户体验与金融服务效率。

3. 准确定位创新产品，全方位推广营销

在信息和产品极大丰富的现代社会，贴近用户心理诉求、有效抓取

注意力的营销推广至关重要。互联网黏性用户群体以青年人群为主，他们追求个性，比上一辈人更喜欢信贷消费。因此，此次小白卡的成功也得益于适当的宣传主题——"Hello World"（世界我来了）。这一主题快速抓住青年用户群体，满足了他们的消费需求。在推广渠道上，除了传统的大众传媒之外，互联网媒体和自媒体的传播效应也不容忽视。比如借助微信公众号等平台以软文形式介绍产品优势，可以直达客户。

京津冀协同卡产品创新　打造"七维一体"的产品功能体系

创新背景

国家京津冀协同发展的区域战略明确后，随着京津冀三地壁垒的打破和三地各城市的不同定位，北京与天津、河北的城市之间功能进一步明确，三地将形成产业互相弥补、共同发展的局面，三地之间人员的流动也将更频繁。H 银行深刻领会服务京津冀协同发展对银行经营发展的重大战略意义，将做好京津冀协同发展金融服务工作，列入重点工作推进。

在京津冀一体化推进过程中，H 银行紧密跟进由北京外迁至河北、天津的企业。例如，北汽集团将下属北京汽车制造有限公司由北京市顺义区整体搬迁至河北省沧州市，客户经理小王在服务该类公司的过程中发现，该企业的部分业务仍留在北京，虽然生产企业在河北，但企业给员工发工资的时候，却要求员工办理北京的卡，方便工资发放；而员工由于工作原因长时间不在北京生活，觉得不方便。若企业要求员工办沧州当地的银行卡发放工资，多家银行又不支持北京往外地银行卡代发，公司又还要办理转账，操作起来存在诸多不便。对企业员工来说，从北京前往河北工作，其家人仍在北京居住。员工用北京发放的工资卡通过河北的银行网点向北京家人转账，因涉及异地交易，需缴纳金额不等的手续费，自己日常 ATM 取款还要缴纳每笔 2 元的取款手续费。有一次一个客户不小心忘记卡片放哪里了，在打电话挂失后，卡又找到了，想解挂还要跑到北京的网点才把问题解决。在与其他外迁企业接触过程中，客户经理小王发现外迁企业均存在类似的金融服务问题，于是向客户推荐了 H 银行的借记卡，该借记卡支持异地代发、免收系统内异地柜台交易手续费等服务，轻易将客户上述问题解决了。

2014 年，H 银行与 H 公司开发了"孔雀城襄颖园"项目开展异地按揭贷款合作。"孔雀城襄颖园"项目与北京市通州区接壤，主要购买客户为在北京市工作、生活，但尚未取得北京市购房资格的中青年人群。客户经理在业务开展过程中发现，借款客户询问最多的问题除了贷款利率、额度、期限等基本业务要素外，主要关注的问题就是异地还款是否灵活方便，能否实现异地存款自动划扣等业务功能。其中，有一位贾先生 29 岁，2011 年来京在一家位于国贸附近的杂志社工作，由于来京时间较短，尚未获得北京市住房的购买资格。贾先生表示，随着自己逐步进入适婚年龄，对于成家立业的渴望越发迫切，早日解决婚后居住问题迫在眉睫，"孔雀城襄颖园"项目是其比较关注的备选按揭项目之一，贾先生在该项目选择了一套 88 平方米的两居室作为自己的结婚新房，在得知 H 银行能解决异地按揭项目异地还款的现实困难后，向该行申请了异地住房按揭贷款业务。在为贾先生完成贷款发放后，贾先生称赞 H 行开展的异地按揭业务，切实满足了异地项目客户的住房贷款需求，产品市场定位准确，一定还会向身边与自己生活方式类似的同事、亲友大力推荐 H 银行的这项业务。

在了解市场，考虑到京津冀一体化，三地企业、个人对金融服务同城化等方面提出了更多要求，H 银行围绕满足京津冀一体化后客户异地办理业务需求作为切入点，拓宽创新思路，统筹考虑，围绕向三地客户提供同城化金融服务为创新突破，从服务三地客户便捷性、一致性、低成本等方面搭建同城化服务平台，将借记卡异地代发、异地办理业务优惠、异地贷款等业务进行整合、完善、创新，使借记卡升级换代，于2014 年 9 月发行了以"协同发展京津冀，三地互通如同城"为特色的全国首张京津冀协同卡，同时也是国内第一张为支持京津冀协同发展而专门发行的银行卡。

京津冀协同卡打造"七维一体"的产品功能体系，即网点服务一体、费用优惠一体、财富管理一体、贵宾服务一体、贷款融资一体、集团用卡一体和支付便利一体。网点服务一体，即客户在京津冀三地H银行网点办理存取款、转账、挂失解挂、改密等多项业务均可与同城客户享受相同的服务；费用优惠一体，即免收客户系统内异地柜台及ATM存款、取款、转账等多项手续费，持京津冀协同卡客户在京津冀地区分行柜台向京津冀他行转账汇款免手续费的优惠举措；财富管理一体，即客户可在三地任意一个H银行网点签约购买以及进行风险评估，并向京津冀协同卡客户发行专属和私人定制的理财产品；贵宾服务一体，即达到一定资产的客户，均可凭积分共享H银行京津冀三地专属贵宾增值服务；贷款融资一体，即为京津冀协同卡三地客户办理异地个人贷款，视同享受同城个人贷款服务等；集团用卡一体，即三地对公客户办理京津冀范围本行账户资金代发、代扣（资金归集），资金瞬间同步到账等业务，且费用全免；支付便利一体，即京津冀协同卡客户在境内、境外任何一台贴有银联标识的ATM机和POS机，各类知名网站等渠道自由支付，客户绑定ETC缴费业务，可不停车通行高速路口，享受安全便利、低碳环保、省时高效的绿色出行服务。京津冀协同卡"七维一体"的产品功能服务体系，包含了H银行所有个人业务，内涵丰富，搭建了个人业务协同服务三地客户、协同发展三地业务、协同拓展三地市场的重要服务平台，满足了客户需求，特别是三地客户期望在三地任一城市享受同城化服务的需求，市场良好反响。H银行向三地流动人口营销京津冀协同卡，特别是向北京外迁企业推广京津冀协同卡代发工资业务，解决了客户多种不便，赢得了客户的欢迎。京津冀协同卡先后获得《银行家》授予的"十佳金融产品创新奖"，《21世纪经济报道》授予的2015年度区域零售产品创新奖。

创新要点

1. 国家重大区域战略是新的市场机会

中央推动京津冀协同发展的国家重要区域战略明确后,为 H 银行找准区域定位、提升服务水平指明了工作的方向。在本案例中,H 银行在第一时间成立了个人业务服务京津冀协同发展工作推动小组,密切关注国家政策所带来的市场变化,通过全行联动,寻找商机,以服务北京外迁企业为切入点,找到了市场创新机会。

坚持以客户为中心的服务理念。在了解到外迁企业的具体问题后,结合京津冀一体化人口流动加速,异地金融服务增多的趋势,H 银行考虑到这一客户群体的需求,服务好京津冀三地企业、个人,解决好总部在北京、生产基地在天津、河北等地的企业,或者员工居住在北京,工作在北京之外的企业,诸如此类企业及个人客户的需求,以及不断增多的异地客户金融需求,为企业提供异地代发工资,员工异地低成本用卡、异地办理贷款等业务,既是京津冀一体化对商业银行个人金融服务同城化的新要求,也是创新业务发展的商机。

2. 面对新机遇要勇于打破常规

京津冀一体化后,三地经济进一步交融,客户流动加强。流动中的客户对金融服务需求不同于本地居民客户,异地支付、融资、理财、挂失等金融服务将成为常态。受多种原因影响,多数银行存在业务不能异地受理的情况,或者存在异地办理金融业务烦琐且成本高的特点。H 银行为适应京津冀一体化战略背景下的金融市场变化,打破原有商业银行内部分割的服务体系,建立京津冀一体化服务体系。京津冀协同卡按金融同城化标准为异地客户提供服务,较好地解决了异地办理金融业务的问题,使这类客户的金融需求得到了满足,也使京津冀协同卡成为国内第一张为支持京津冀协同发展而专门发行的银行卡。

3. 举一反三,多点开花

京津冀协同卡在创新服务上不断探索,客户在三地任一营业网点办理存取款等业务时，与在本地网点一样。在受理客户业务环节，客户无须另外携带更多的证件；在业务办理过程中，客户与在本地网点体验一致；在费用支出方面，客户不需支付更多的手续费。2016 年年初，又推出了异地同卡号换卡业务。H 银行还在不断地推进个人金融同城业务实现异地办理，真正实现客户在三地任一网点办理所有业务的体验如在同城网点一样。

创新启示

1. 敏锐的市场创新意识是把握商机的关键

国家京津冀一体化发展战略明确后，H 银行敏锐地感觉到其中存在着巨大的发展商机，成立个人业务服务京津冀协同发展工作推动小组，落实京津冀一体化金融服务，把握京津冀一体化发展战略机遇。在认真分析京津冀一体化战略机遇带来的三地经济、社会等方面变化后，H 银行总分行共同努力，找到了创新的商机，明确了搭建三地金融服务同城化的平台，创新性地推出了京津冀协同卡。

2. 了解并满足客户需求是创新成败的核心

京津冀一体化的推进，交通便利和产业转移必然带动人流、物流、资金流和信息流的加速融合。三地协同发展特别是产业结构升级，三地相互流动的商务人口、务工人口流动将更加通畅；北京大型市场外迁带来大批量的个体工商户、中小企业客户群体将转移，三地交通便利后经常性的往来旅游、购物、求学人口比例大幅度上升，北京市外迁企业的京籍员工数量也会增加；满足这些京津冀一体化带来的新客户的个人金融服务需求，特别是服务好这些客户流动中的个人金融服务需求，成为创新成败的核心。京津冀协同卡着力以支付、结算、融资等功能开展同城化创新，较好地解决了客户流动中的需求，赢得了客户。

3. 把握政府政策导向是创新可持续发展之路

京津冀协同卡的创新，是在国家推进京津冀一体化战略大背景下推出的创新产品，响应了国家的号召，得到政府的支持。京津冀协同卡 ETC 缴费业务，低碳环保、省时便利，缴费优惠，引导客户绿色出行，符合国家产业发展政策，得到行业主管部门的认可。目前，H 银行又紧跟国家京津冀交通一体化战略，正在推进京津冀协同卡上加载京津冀互通卡公交应用功能，赋予京津冀协同卡服务京津冀地区一体化更多功能，使京津冀协同卡服务更多的客户。

第三篇

代理业务创新

财政集中收付代理业务及电子化改革创新

创新背景

1. 市场背景

从 2000 年开始，财政部在借鉴国际通行做法的基础上，积极推行财政集中收付制度改革。2001 年 2 月，财政部会同中国人民银行共同起草的《财政国库管理制度改革试点方案》，确立了改革的目标、内容及实施步骤，拉开了改革的序幕。

所谓财政国库管理制度改革，就是建立国库单一账户体系，实现"财政集中收付"。财政收入直接缴入国库或财政专户，财政支出要通过国库单一账户体系支付到劳务供应者或用款单位，取消资金"二传手"。此次改革，能极大提高财政资金使用效率，加强财政监管，从源头上防止腐败，所以国家非常重视，认为"是规范政府资金收付的最彻底、最完善、最可靠的模式""是从源头上治理腐败"，改革的决心很大。由于改革涉及面广，全面实行国库集中支付要有一个过程。根据《财政国库管理制度改革试点方案》，财政部采取了总体规划、分步实施的原则逐步推进，并最终实现"横向到边 纵向到底"的改革目标。

2. 客户概况

中央财政国库集中收付业务主要服务财政部和各级中央预算单位。

财政部是国务院组成部门，负有预算管理、资金收付、预算执行和监督检查等职能，同时也是中央预算单位；中央预算单位是列入中央财政预算收支的政府部门及所属行政事业单位和财政预算单列的企业。财政部门按照财务隶属关系将预算单位分为一级预算单位、二级预算单位和三级预算单位等；与本级财政部门平级的主管单位为一级预算单位，其直接下级为二级预算单位，以此类推。

3. 业务需求

财政部关于代理中央财政国库集中收付业务需求主要包括账户管理、资金收付、信息反馈、系统开发、内控管理、应急机制等方面情况。

（1）账户管理，即按规定的程序开设中央财政专户、中央财政汇缴专户和预算单位零余额账户。其中，中央财政专户用于政府非税收入收缴、存储、退付和支出活动的专用存款账户；中央财政汇缴专户和预算单位零余额账户实行账户零余额管理，用于非税收入的收缴和授权支付资金拨付。代理银行应及时、准确为预算单位办理开设、变更和撤销预算单位零余额账户的有关手续。

（2）资金收付，即按规定核算专户收入、下达额度和控制预算单位支出，对已确认信息资金和未确认信息资金分科目核算、有充足备付金头寸，保证财政资金及时安全支付。

（3）信息反馈，即及时、准确进行信息反馈，满足财政国库动态监控系统的信息传输需求。

（4）系统开发，即具备先进的资金汇划系统，保证本行系统同城转账实时到账、异地汇划两小时内到账。不断提升系统收缴和支付处理能力，保证系统自动化程度和稳定性，规范和简化业务流程，保证每个营业日业务处理能力满足预算单位支付需求。

（5）内控管理，即建立健全业务管理协调机制，确保对行内各级经办行业务协调、培训及指导工作要及时有效，制定合理的业绩考核制度，有畅通的问题投诉受理渠道。

（6）应急机制，即建立紧急拨款应急机制，建立紧急情况下不间断联系制度，保证对支付情况跟踪查询和非税收入及时、准确收缴。

4. 创新思路

国库集中支付电子化管理以标准"电子凭证库"为依托，建立安全规范的"电子支付安全支撑体系"，并通过统一财政授权支付自助柜面系统功能，规范电子化支付渠道标准，通过财政、预算单位、人民银行、代理银行利用信息网络技术统一部署，取消纸质凭证和单据流转，实现支付指令"无纸化"管理，保证财政资金安全、高效运行的管理模式。电子支付安全支撑控件由代理银行根据财政部门要求在财政业务系统遵循统一的业务报文规范完成改造工作，允许各级财政部门在业务需求上有差别。财政授权支付自助柜面系统由总行统一开发、统一版本，全国统一部署。

中央非税管理电子化项目管理，通过建立非税收入管理系统集中式控制机制，以系统间实时联网的方式替代手工录入的方式获取缴款信息，提高业务办理效率；实现非税收缴信息互联互通，拓展全方位电子化收缴渠道，为缴款人提供更为便捷的缴费服务，从而改善客户体验；以电子凭证替代纸质凭证，在实现无纸化处理的同时提升凭证存储、传输的安全性；通过电子签名、电子印章等方式实现缴款书、对账单全电子化管理；在提供柜台代收时对暂存款进行实时确认和日终财政与银行自动对账。

5. 服务方案

场景 1：财政集中支付业务

功能 通过 D 银行专用系统实现集合控制，联动进行资金汇划，资金清算无纸化、支付渠道多样化和数据交互信息化的业务专用支付平台，满足预算单位额度下达、支付结算、资金清算、账务核对和信息监管等业务需求。

优势 系统数据集中式管理和电子支付渠道拓展，为预算单位提供安全便捷服务。

需求客户 财政部门及各级预算单位。

辐射客户 下游对公和个人客户。

相关收益　代理财政集中支付手续费收入，辐射个人账户及存款新增。

营销策略　利用 D 银行代理财政业务的品牌优势以及丰富的业务代理经验对各级预算单位开展营销，以满足财政部门代理财政业务改革推广要求，为广大预算单位提供安全、高效的资金支付服务。

场景 2：非税收入收缴业务

功能　通过 D 银行专用系统实现票据校验和资金归集的集合控制，联动进行资金汇划，实现信息匹配自动化、收缴渠道多样化和数据交互信息化的业务专用收缴平台。满足执收单位账户管理、收入收缴、调库调户、账务核对和信息监管等业务需求。

优势　系统数据集中式管理和电子收缴渠道拓展，为执收单位提供安全便捷服务。

需求客户　财政部门及各级执收单位。

辐射客户　对公或个人缴款客户。

相关收益　代理非税业务手续费收入，辐射个人或对公账户及存款新增。

营销策略　利用 D 银行代理财政业务的品牌优势以及丰富的业务代理经验对各级执收单位开展营销，以满足财政部门代理财政业务改革推广要求，为广大执收单位提供安全、高效的资金收缴服务。

创新要点

财政国库集中收付电子化管理改革，主要是利用信息网络技术，重点建设电子支付安全支撑体系，取消纸质凭证和单据流转。利用国家认可的电子签名技术，实现国库资金收付管理全流程的实名认证、不可抵赖、不被篡改以及数据加密传输的安全机理，发出电子指令办理财政资金收付业务，实现财政部门、预算单位、中国人民银行和代理银行四方间财政资金安全、高效运行的管理模式。

创新启示

作为中央财政国库集中收付业务代理单位家数最多的代理银行，完备的规章制度、严格的管理手段、先进的代理系统、广博的网点分布，构成了 D 银行高质量代理服务的坚实基础。十多年的代理经历使 D 银行在组织协调、人员培训、风险控制、考核激励、应急处理等方面积累了丰富的代理经验，也与财政部和中国人民银行及广大预算单位建立了良好的、相互信任的合作关系。多年来的代理业绩充分证明，紧跟财政改革步伐和专业专注的服务意识是 D 银行保持同业领先的秘诀。

代理保险业务电子渠道创新

创新背景

1. 互联网保险业务快速发展

互联网保险是保险机构依托互联网和移动通信等技术，通过自营网络平台、第三方网络平台等订立保险合同、提供保险服务的业务。随着近年来互联网技术的发展及互联网的进一步普及，互联网保险呈现加速发展态势。从保费规模看，2015 年，互联网保险整体保费规模达到了2234 亿元，保费增长率为 160.1%，渗透率也从 2013 年的 1.7% 增加到2014 年的 4.2% 再增加到 2015 年的 9.2%。从保费贡献度看，2014 年，互联网保费占总保费收入的比例为 4.2%，其中财险贡献度为 6.7%，寿险贡献度为 3%；2015 年，互联网保费在总保费收入中的占比为9.2%。2013 ~ 2015 年，互联网人身险保费规模从 54.46 亿元增长到1465.60 亿元，增长了近 26 倍，互联网人身险占比由 0.05% 提升到 9.2%。

2. 互联网带来银行客户消费方式的改变

随着互联网的不断发展，潜在客户群体的增加，个人客户特别是年轻客户消费方式的电子化比重逐年攀升，更多客户倾向于通过电子渠道如个人网银、自助终端、掌上银行等购买银行的服务和产品。因此促使商业银行积极创新，大力发展电子渠道，不断提升客户满意度。

3. 商业银行代理保险业务竞争加剧

从同业竞争来看，自 2013 年以来，个人网银代理保险系统和自助终端代理保险系统陆续上线，竞争压力加剧，B 银行代理保险业务的领先优势受到威胁。

4. 有效缓解柜台运营的压力

从商业银行内部运行管理来看，传统柜面渠道销售保险耗时较长，占用了较多柜面资源，可持续发展空间有限，开发电子渠道可以提升业务效率，有效实现客户分流，显著缓解柜面压力。

创新要点

1. B 银行代理保险业务电子渠道创新过程

2014 年，B 银行个人网银保险系统正式立项，总行机构业务部与软件开发中心、电子银行部、某合作保险公司和部分分行通力合作，于 2015 年年初首批实现 8 家试点行开通个人网银渠道代理保险业务系统，并于下半年全面推广个人网银渠道代理保险业务。2016 年年初和 2016 年年中相继开通自助终端代理保险业务系统和掌上银行代理保险业务系统。

2. B 银行代理保险业务个人网银系统功能特点

在设计开发伊始，B 银行充分参考同业、第三方平台已有经验，在页面设计上充分考虑客户体验，兼具主要功能齐备与操作简便的特点，使操作更为人性化。同时，在符合监管规定的前提下，尽量做到界面友好、流程简单、突出产品卖点，与同业相比亮点突出。

（1）产品功能高度整合。针对保险产品的多公司、多险种、分类标准不唯一等特点，对网银销售的保险产品统一分为两大类，即理财型保险和保障型保险，通俗易懂，避免客户直接通过保险术语选择产品类别。页面设计充分考虑客户体验，页面简洁，虽菜单不多但功能完善、实用。

（2）操作流程化繁为简。投保流程仅需 3 步，填写信息最少仅需 1

项。各功能操作流程清晰易懂，一改客户对于投保过程烦琐复杂的传统印象。

（3）渠道平台信息共享。网银平台和网银渠道互通，同时从两个入口导流客户。网银投保可查看产品详情，图文结合，直接易懂，网站浏览产品信息后可定位至网银直接购买；网银渠道可查询柜面保单，实现持有产品的统一管理。

3. 电子渠道代理保险业务特点分析

目前 B 银行已上线个人网银、自助终端、掌上银行等渠道代理保险系统，与传统柜面渠道相比，电子渠道业务开展整体上更为便捷，但同时，不同电子渠道之间也在一定程度上呈现出各自不同的特点（见表1）。

表1　柜面及电子渠道业务特点及主要功能对比

项目/渠道	柜面	自助终端	个人网银/掌上银行
功能模块	投保、保全、客户关键信息维护	在线产品展示、风险测评、投保、保全	
客户对象	持有 B 银行借记卡	持有 B 银行借记卡	持有 B 银行借记卡并已开通网银
客户地区准入校验	无	无	借记卡开卡行须属准入地区
单证管理	重要空表凭证、投保单、客户身份资料等，与保险公司交接凭证	无单证	无单证
投保时间	一般15分钟以上	3分钟（客户信息完整）	3分钟
保全业务	需携带保单原件并留存证件复印件等凭证，与保险公司交接凭证	不需凭证，系统直接操作	
保全渠道校验	可申请所有渠道保单保全业务	只可操作本渠道投保保单	
保全地址校验	须回原投保网点	省内网点均可操作，不可跨省	无限制

从表1可以看出，自助终端虽然仍然没有打破"物理网点"的限制，但却是目前受众最广、最易于推广的电子渠道。从客户对象上看，

自助终端受众最广，持有 B 银行借记卡即可投保；从营销管理上看，客户不论投保还是保全均需在网点操作，虽然牺牲了一定效率，但网点对于客户的"管控力度"要强于个人网银及掌上银行，即便客户后期契撤、退保，基层行也可以在第一时间进行二次营销。

个人网银、掌上银行渠道可以归为更狭义上的"互联网保险"业务，这两个渠道真正做到了打破"物理网点"限制，但从客户角度来看，其"准入门槛"相对较高，需要客户熟悉网银和掌上银行的操作，具备一定的互联网应用技能。从营销角度来看，个人网银投保要求客户随身携带 K 宝或已提前在网银注册，须以用户名登录，使得很多营销工作不能一次性完成；同时，客户在投保后可以自行进行保全操作，基层行无法第一时间了解情况进行二次营销。从产品特点来看，互联网保险需要更为碎片化、短期化、场景化、小额化的产品类型，但目前银保渠道所代理的所有产品均不是专为互联网渠道或电子渠道设计，而是各渠道通用，这也在一定程度上降低了客户自主投保的意愿。

创新启示

1. "互联网+"是代理保险业务大势所趋

近年来，互联网保险高速发展，从保费数据上看，2015 年互联网保费收入 2234 亿元，同比增长近 2 倍，占全国总保费收入的 9.1%，同比提升 5 个百分点；从业务主体上看，截至 2015 年年末，开展互联网保险业务的保险公司已超过 100 家，另外有将近 120 家保险代理、保险经纪公司和众多第三方平台（如淘宝、携程等）也开展了互联网保险业务。在此趋势影响下，一些主要商业银行也开始依托自身网络系统开展互联网保险。值得注意的是，通常意义上的互联网保险特指通过网站、手机 App 等互联网终端开展的保险业务，而从商业银行角度看，通常所指的电子渠道包括网上银行、掌上银行和自助终端渠道。

2. 电子渠道创新是深挖客户资源、提升客户满意度的有力手段

（1）商业银行电子渠道已经积累了大量客户资源（如农行个人网

银客户 1.2 亿人、掌上银行客户 3433 万人）。通过培育客户使用习惯，将有效提升电子渠道使用率，促进商业银行代理保险保费规模的增长。

（2）商业银行发展电子渠道代理保险业务有着天然的优势，银行电子渠道已有结算、支付、理财等多种金融服务，上线代理保险业务补足了为客户提供全面金融服务的拼图。

（3）在传统柜面渠道销售保险耗时较长，一方面占用了较多的柜面资源，另一方面客户的满意度不高。通过电子渠道，投保操作一般在 3 分钟之内可以完成，大幅提高客户的满意度。

3. 电子渠道创新是提升代理保险业务风险管控的重要措施

（1）电子渠道销售保险产品，改变了过去由商业银行网站跳转保险公司的方式，通过银保通系统出单，实现归口管理，避免了"飞单"现象。

（2）通过电子渠道销售形成的电子保单易于客户保存，在商业银行内部减少了凭证和单据流转，业务流程优化，减少了操作风险。

| 案例 13 |

找准客户需求 定期支付基金实现
银行客户双赢

创新背景

　　一款个人投资型产品，其核心要素主要有收益、流动性、风险三点。在银行庞大的零售客群中，有一部分客户经常面临如下情况：手中有一笔钱需要做稳健类低风险投资，投资期限可以比较长，但在投资期间定期有现金流需求。总结来说就是收益稳健、风险可控、流动性只需满足定期现金流需求即可。比如，有养老需求的客户、有赡养父母需求的客户及部分定期支付需求的高净值客户等。

　　但在目前基础资产及监管体系下，暂时无法通过一款产品可以实现稳健投资和定期支付两个目的。拿标准化的公募基金产品来说，通过分红很难实现定期的现金流流入。正是基于此，S 银行在 2013 年 7 月抓住市场债券收益率大幅飙升的机会，独家创设出业内首支定期支付概念的公募基金——博时月月薪（见表 2）。

表 2　博时月月薪定期支付债券基金

项目	内　容
基金类型	中长期纯债基金
投资范围	投资于债券资产比例不低于基金资产的80%，但在每次自由开放期前三个月、自由开放期及自由开放期结束后三个月的期间内，投资不受上述比例限制

续表

项目	内　容
业绩比较基准	3 年期定期存款利率（税后）
流动性安排	基金运作周期为 3 年，运作周期内封闭式运作；每半年有 1 次受限开放期，共 1 个工作日。在受限开放期，本基金仅是有限度地确认申购、赎回申请：若申购申请大于等于赎回申请，则接受全部赎回申请，并以赎回申请为上限接受申购申请，以比例配售的方式确认申请份额；若赎回申请大于申购申请，则接受全部申购申请，并以 5% 作为净赎回上限接受赎回申请，按照比例配售的方式确认赎回份额
销售服务费	每年 0.35%
赎回费	0

该产品有如下两个特点。

1. 是国内首批定期支付基金

所谓"定期支付"，是指每月在约定的时点，为客户提供稳定的现金流收入。在现行法规下，难以通过分红保证较稳定的现金流收入，本产品是通过将组合已实现收益（主要来源是票息收入）折算成新增的基金份额，再发起新增的基金份额强制赎回，给投资者定期支付现金流。定期支付后，投资者的基金份额不发生变化。

2. 封闭运作，利用受限开放期兼顾流动性

本基金采取封闭运作的模式，运作周期为 3 年。每半年有 1 次受限开放期（1 个工作日），在受限开放期，本基金仅是有限度地确认赎回申请：若申购申请大于等于赎回申请，则接受全部赎回申请；若赎回申请大于申购申请，则以 5% 作为净赎回上限接受赎回申请，按照比例配售的方式确认赎回份额。需要注意的是，尽管本产品拥有受限开放期，但并不能作为解决客户流动性问题的绝对保证。

该产品第一周期经过 3 年运作后最终净值为 1.395，年化收益率为 11.47%。在给客户较好赢利体验的前提下，为 S 银行贡献了不菲的中间业务收入，实现了客户、银行及资产管理机构三方共赢。

创新要点

近年来，随着居民财富的增长，财富管理需求也迅速提升，个人理

财业务成为银行中间业务收入的重要增长点之一。但与境外同业相比，目前国内财富管理产品体系还正在完善过程中，创新类个人投资型产品有很大的发展空间，可以有效提升银行中间业务收入。打造一款成功的创新产品有三个关键点，分别为客户需求分析、投资标的研究和产品形态匹配。

1. 客户需求是成功创新产品的坚实基础

产品创新不是空中楼阁，可充分满足客户需求的产品才有长期生命力，案例中的产品创新主要还是基于对客户需求的把握，正是因为客户有定期现金流的需求，本产品才能迅速形成规模效应。

2. 对投资标的的研究是成功创新产品的必要前提

2013 年，债券市场在"钱荒"等突发事件影响下出现大幅下跌，各类债券收益率大幅上行，S 银行产品创设团队在市场看空声音很强的背景下发现部分高评级债券的票息已有较大投资价值，而持有到期可熨平利率波动风险。因此博时月月薪的投资实现方式为买入期限匹配的债券并持有到期，债券的票息可以提供稳定的现金流入，到期后投资者获得所投资债券到期偿还的本金。

3. 产品形态的匹配是成功创新产品的重要条件

在现有公募基金监管框架下，定期分红很难实现，本产品的运作方式为在 T 日首先通过折算，将组合已实现收益（主要来源是票息收入）折算成新增的基金份额，再发起新增的基金份额强制赎回，给投资者定期支付现金流。定期支付后，投资者的基金份额不发生变化。

创新启示

该案例有以下三点启示。

1. 重视客户需求的收集反馈

个人投资型产品最终的购买者是银行的零售客户，需定期采用各种形式收集客户的财富管理需求，在大数据分析的基础上抓住客户的核心需求，然后针对客户需求创设相关产品。

2. 始终保持一定的市场敏感度

目前我国资本市场还在快速发展的过程中，各类可投资标的种类繁多，在其价格波动过程中需要加强投资研究力度，在市场出现机会时，将基础资产的机会转化为产品创设的机会。

3. 熟悉监管规定

公募基金作为标准化投资产品，一直以来都接受最严格的监管，但熟悉监管规定不仅应该了解规定是什么，更应该了解规定背后监管部门的想法，在严守合规底线的基础上进行相关创新，以便更符合客户需求。

案例 14

代销他行理财产品　实现多方共赢

创新背景

  小杨是 X 银行金融市场条线的一名产品经理。X 银行是国内银银合作业务的倡导者和领先者，在行业内率先推出面向广大银行类金融机构的银银合作服务平台。前期，小杨在与同业客户接触过程中发现，很多中小银行受制于成立时间较短、资产管理能力较弱、理财产品创设资质欠缺等原因，难以满足其自身零售客户群体的理财投资需求。因此小杨向这些客户推荐了 X 银行的理财产品代销业务，由中小银行代销 X 银行自主发行管理的理财产品。这种模式受到了合作行的一致好评，既通过优质理财产品满足了自己的零售客户，将客户留在了手中，又获得了中间业务收入。

  业务开展几年后，小杨又遇到了新问题。随着货币政策持续宽松，资产利率不断下行，X 银行的理财产品收益也逐渐下降，合作行频繁反映零售客户抱怨很多，抱怨内容无非是产品收益率太低，还不如 Y 城市商业银行的产品收益高。对此小杨想到可以发挥平台优势，将其他商业银行发行的优质理财产品引入合作行进行销售。

  小杨主动出击，与各地分行一起积极行动，了解到很多银行苦于受到地域限制，自身零售客户消化能力有限，而将这些银行的产品放到其他渠道进行销售，正好符合了小杨等人的需求。于是小杨顺水推舟，顺利将多家银行的理财产品引入有代销需求的合作行，再次通过领先于市场平均收益率的产品获得了广大合作行和终端客户的好评。

创新要点

作为产品经理，特别是总部的产品经理，应该以更加敏锐的洞察力提前捕捉到市场上的机会，推出好产品、好服务。在该案例中，X银行先是在中小银行缺乏理财创设能力时"推出"本行的理财产品供合作行代理销售，进而在合作行具备了理财创设能力之后又反过来将合作行的理财产品"拿进来"进行销售。

1. 抓准时机，猛烈出击

在本案例中，初始阶段的中小商业银行（农信社）等大多由于成立时间较短，资产管理人员不到位，资产管理能力不足，甚至不具备理财创设资质等原因，对于理财产品处于饥渴状态；而X银行由于起步较早、资产管理能力雄厚，所以拥有大量的理财产品，除了可以满足本行客户需求外，还可提供给广大中小银行出售。这样的合作，中小银行借力打力，既满足了自身终端客户的需求又为自身资产管理能力的发展赢得了时间，同时还获得了纯粹的中间业务收入；X银行拓宽了理财产品的销路，扩大了品牌宣传效应。对于中小银行和X银行来说，这是一个双赢的选择。

2. 审时度势，世易时移

代销理财业务开展几年后，广大中小银行已经渐渐提高了资产管理能力，具备了理财创设能力。随着国家货币政策持续宽松，资产利率不断下行，理财产品的整个市场收益率都在持续下降。中小银行的一些优势逐渐凸显，其创设的理财产品收益率反而高于X银行的理财产品。这个时候，X银行快速扭转思路，审时度势，顺应市场潮流，做出引入广大合作银行理财产品到有代销需求的银行进行销售的决定，并与各家银行一拍即合，反过来为产品提供行解决了销路问题也为代销行解决了产品供应问题。

3. 头筹兼顾，多方共赢

X 银行反应迅速，业务思路广、落地快，成功通过转型实现了多方共赢。合作的银行和 X 银行在不同时间阶段都解决了产品供应及销路问题；合作的银行和 X 银行的终端客户无论何时都是受益者，可以从财富管理平台上购买到高收益的理财产品。而且，从同业之间的合作来讲，理财产品代销业务只是密切 X 银行与合作行关系的一个环节，而且是初步的环节。通过这项业务合作，双方进一步加深了解，为更深层次的合作奠定了基础。

创新启示

该案例有以下三点启示。

1. 学会分析自己的产品，学会分析别人的产品

业务人员一定要了解自己的产品、自己的平台，要能做到"烂熟于心"。在本案例中，首先，小杨非常了解 X 银行平台的优势以及所能开展的相关业务，其充分利用了大平台的优势，一手抓资产，一手抓负债，完美展现了平台在其中的中介作用。

其次，小杨对不论是本行或是他行的理财产品都进行准确的分析和定位。理财产品不仅仅是表面上一个收益率或一个期限那么简单，经济环境的变化最终都将传导到产品属性上来。特别是在本案例中，影响产品分析的不光是经济环境的变化，各个地区的市场环境也极大地促进了业务的最终落地。因此，产品经理只有学会积极分析各种产品的优势、短板，才能推出适合的产品，获得市场的认可，进而为所在银行获取利润。

2. 找到精准的同业合作切入点

在本案例中，代销其他银行理财产品对产品提供银行、X 银行、产品销售银行来说是三方互惠互利的。产品提供银行以很低的成本获得了很多新增的有效销售渠道；X 银行利用更好的产品吸引了更多客户、增加了产品的可持续供应，为客户带来了良好的体验，增强了自身的品牌

效应；产品销售银行的客户用自家银行卡就能购买到其他银行的好产品。

找到精准的合作切入点，不仅能让业务顺利、快速落地，更重要的是更好地维护了客户关系，为其他业务的后续开展奠定了良好的基础。

3. 重视维护客户关系，加强后续跟踪服务

随着市场环境的不断变化，现有的服务更新升级尤为重要。在本案例中，该代销业务初期仅局限于合作银行代销 X 银行自身的产品。小杨通过捕捉到客户的需求，在现有业务的基础上更进一步，将其他银行的理财产品引入后进行代销，赢得了客户的好评。

而对于与产品提供银行的合作来说，达成代销理财产品的合作只是起点，并非最终目的。与产品提供行开展更深入的互惠合作、保证中间业务收入的可持续性，才是维护客户关系的根本。

"银证 e 家"

——证券第三方存管智慧服务专家

创新背景

证券第三方存管业务是商业银行零售获取价值客户的重要来源，"银证 e 家"是 P 银行推出的证券第三方存管业务品牌，通过一年多的运行，已经成为 P 银行开拓第三方存管客户的重要武器。

2015 年上半年，A 股市场十分活跃，市场交易量增长迅猛，为借助证券市场快速发展的契机，进一步提高 P 银行证券第三方存管业务的市场占比，P 银行零售条线、同业条线和 IT 条线联手，推出多项创新产品及功能，打造"银证 e 家"证券第三方存管业务品牌。该品牌融合了"全线上开户、全天候划转、全方位增值"三大特色产品，其中 7×24 小时银证转账功能处于同业领先水平。功能上线后，截至 2015 年 12 月末，P 银行零售第三方存管客户规模实现翻一番，达到 130 余万户，当年净增 70 万户；客户资产规模达到 1800 余万元，带来财富及以上客户 1.6 万户，占 P 银行零售整体的近 30%，创历史新高。同时，市场占比得到大幅提升，取得了高速发展。聚焦客户个案，客户周女士是东方证券的炒股客户，之前的第三方存管银行是 A 银行。周女士用 200 万元左右的资金炒股。由于周女士平时自己做个体生意，对资金流动性和收益性都有一定需求，但店里生意忙的时候经常会忘记把钱从股市里转出来，从而影响到第二天的进货；有时候到了周末，资金又不能炒股，资金不能有效利用。一次偶然的机会，周女士来 P 银行网点办理信用卡还款业务，通过大堂经理的推荐，关注了 P 银行的微信公众号。周女士通过微信公众号的宣传文案，接触到"银证 e 家"，周女士将其在东方证券原先签约的第三方存管银行 A 银行变更为 P 银行，并在个人网银上办理了预约理财业务。周女士自从开始使用"银证 e 家"，通过 7×24 小时银证转账功能，周女士可以随时随地将资金从证券保证金账户转到银行账户，不再影响日常流动资金使用；通过签约预约理财业务，每周五股票收市后，闲置的资金转到银行后自动认购周末发行的理财产品，周末结束自动赎回，不影响周一的股票开市，保证了闲置资金在周末享受理财收益。

创新要点

"银证 e 家"证券第三方存管业务主要涵盖了三大特色产品及功能，通过这些功能，一步步吸引客户办理。

1. 用"全天候划转"这一功能，抓住客户痛点

针对案例中周女士做个体生意的背景，时常需要使用到流动资金，工作繁忙时忘记从股票账户转账出来的困扰。7×24 小时银证转账的功能很好地解决了她的困扰点。

"银证 e 家"的 7×24 小时功能是继交通银行、招商银行后推出的第三方存管业务特色功能之一，在业内处于领先水平。

"银证 e 家"的 7×24 小时功能是针对第三方存管客户推出的特色功能，依托该功能，客户可全天候办理银证转账、第三方存管签约、证券账户余额查询，为客户相关业务办理带来便利。该功能进一步提升了三管业务的核心竞争力，为分行开拓和经营第三方存管客户群体提供了有力的支持。

2. 用"全线上开户"这一功能，便捷促成客户业务办理

案例中周女士对 7×24 小时银证转账的功能有了兴趣和需求，但是

如果业务办理起来手续非常的麻烦，需要耗费客户大量的时间和精力，周女士也许会选择放弃。对周女士而言，可以足不出户办理业务，完全不影响日常生意。

为满足个人客户多样化的金融需求，为客户提供一站式办理业务的便利，P 银行针对证券市场投资客群推出"银证 e 家"的证券快捷开户、证券行情查看等相关功能。该功能支持客户一站式完成相关银证业务，不需要在银行网点及证券网点之间进行奔波，不需要在银行 App 及证券 App 之间进行反复跳转确认，简化了业务办理手续，节省了客户的宝贵时间。

该功能主要借力于证券 App 及网页版开户流程的不断成熟，该功能可以实现在手机及网站上完成证券开户和第三方存管银行绑定、银证转账激活等诸多动作。

对客户而言，该功能优化了他们的体验，在"一人多户"政策推出后，重新选择券商在流程上更加便利，不需要到网点实地办理；对合作券商而言，也拓展了券商的客户来源和渠道，实现双赢。

3. 用"全方位增值"功能持续经营客户

案例中周女士使用"银证 e 家"相关功能后，不断体验"银证 e 家"的其他功能，增加对 P 银行的认知度，客户黏性和忠诚度大大提高。此外，周女士还通过体验预约理财功能，每周末把股市闲散资金进行投资理财，增加资金收益。周女士表示将会介绍给更多的朋友进行使用"银证 e 家"。

（1）预约理财。"银证 e 家"针对第三方存管个人客户推出的"预约理财"新功能，可实现客户增值的不停歇。

客户完成签约，即可预约在节假日前一个工作日参与 P 银行理财产品的预约申购，节假日下一个工作日理财产品自动到期赎回到签约的银行账户上。A 股开市则可股票投资，节假日则可银行理财。

对分行而言，客户证券资金对接至周末发保本理财产品，助力分行达成存款指标；客户每周进行银证转账，黏合度提升，助力分行达成结算客户指标。

（2）证券保证金直购理财。"银证 e 家"的理财直购功能是 P 银行对于第三方存管客户群体推出的特色功能之一，在业内处于领先水平。依托该功能，客户在个人网银或手机银行操作购买银行理财产品时，除了可以选择使用本行卡内资金购买，还可以选择使用其证券保证金账户内资金进行直接购买，不用经历"先将资金从证券转至银行卡，然后再用银行卡购买理财"的步骤。

相关功能的上线，对促进第三方存管客户的证券保证金账户资金回流，助力客户闲置资金收益最大化发挥了重要的作用。

创新启示

1. 实现共赢，银行、券商合作更紧密

借助"银证 e 家"的相关特色功能，P 银行与券商在第三方存管业务方面的合作深度及广度更加紧密。

在持续深化与平安证券合作的基础上，陆续引入广发证券、国金证券、方正证券、长城证券等券商开展第三方存管业务"总对总"营销合作，为进一步拓展第三方存管业务的市场份额奠定了基础。

除了"总对总"营销合作券商更深入的合作之外，在金融同业事业部的大力支持下，各分行积极开拓当地主流券商"一对一"合作，整体合作方案得到各家券商的积极回应。

2. 以客户为中心，不断优化客户体验

"银证 e 家"通过对证券市场投资客群的需求和痛点进行分析，推出差异化的特色产品及功能，简化业务办理流程，优化客户体验。

案例中的周女士首先体验"全天候划转"这一个功能，触碰了客户的兴趣点和需求点；其次，进一步体验"全线上开户"功能，消除了客户对办理手续烦琐的疑虑；最后，通过体验"全方位增值"功能，全面认可"银证 e 家"这个产品。

以上的产品特色及功能，都以客户的需求为出发点，帮助客户解决问题，优化客户的实际体验。银行零售业务只有以客户为中心，业务上

线及推出后，才能得到市场的认可，才具有持续的推广价值，才能带来期望的业务量。

3. 依托互联网金融，致力业务创新

除传统的机构线下合作的业务模式外，借助互联网技术，不断创新线上合作，丰富业务合作领域。

在符合监管及相关规定的前提下，以客户需求为中心，不断进行业务创新，借鉴银行业的相关实践经验，汲取同业的优秀做法，保持业务创新的步伐，对业务的可持续性及延展性具有重要的作用和意义。

综上所述，"银证 e 家"证券第三方存管业务将持续整合资源，不断进行业务创新，积极开展重点券商综合营销。除传统营销模式持续发力外，创新互联网平台上的银证业务及第三方存管签约功能，依靠互联网模式持续发展平安银行零售业务，并以特色产品和功能为核心，打造 P 银行"方便、好用"的差异化银证品牌。

第四篇

担保承诺业务创新

推动承诺业务发展促进中间业务
收入稳步增长

创新背景

近年以来，面对复杂多变的经济金融形势和激烈的同业竞争，A银行在转型中找机遇，创新中求发展，狠抓重点客户营销工作，强化规范经营，坚持把发展作为第一要务，积极应对经济新常态，牢牢把握经营发展的主动权，始终把公司中间业务作为战略转型的重点，认真分析当前大环境，研究重点行业发展情况，积极寻找业务突破口，并加强营销管理工作。多点渗透，实现公司类中间业务收入稳步增长。

为规范业务拓展、提升业务可持续能力，A银行以结构调整为突破口，不断加快产品创新，积极延伸营销触角，深度挖掘客户需求。大力拓展非金融企业债务融资工具、银团安排与承销、承诺、顾问等核心业务，总结推广承诺业务成功经验，实施承诺业务收入全覆盖，提高公司类中间业务的可持续发展能力。组织编撰《承诺业务协议书》，通过对存在问题的认真梳理，并借鉴其他商业银行的成功案例，通过对服务对象、收费项目、收费费率、后续管理、争议处理等项目的进一步细化，规范承诺业务操作，为承诺业务发展奠定了坚实的基础。

创新要点

A银行积极捕捉信息，加强上下联动，适时深入大型企业集团、房地产、电力、交通类融资平台以及高速公路等客户，强化表内外业务联动。

1. 加强联动营销，提高营销效率

A银行要求全体员工从思想上高度重视中间业务收入工作，坚持联动营销，争收创效。成立公司金融跨部门、多级联动直营团队深入企业调查研究，联合走访客户，做好分析预测，努力拓宽公司中间业务营销空间，全辖公司线条员工上下"一盘棋"，举全辖之力，齐心协力为业务发展出谋划策并积极参与。

2. 抢抓政策机遇，拓宽收入来源

抓住"一带一路"建设的机遇，紧紧围绕重点行业、重点领域，狠抓重大项目营销，加快表内外融资投放，推动信贷稳定增长，助推公司类中间业务创收实现新发展；以提高对客户的综合金融服务水平来带动中间业务的发展，以提高业务创新能力来推动中间业务的转型，为客户提供有价值的金融服务，夯实业务根基。

3. 组建直营团队，深入企业营销

要求辖属各级机构领导班子不等不靠，紧紧围绕"客户在哪里、谁去抓、怎样抓"几个环节开展工作，要利用跑企业的有利时机，大力开展调研工作，展开中间业务营销，对重点项目、重点单位、重点产品进行营销和管理。

4. 细化规模管理，推动业务发展

紧紧围绕重点行业领域，狠抓重大项目营销，加快表内外融资投放，带动中间业务收入。A银行及早确定贷款增长任务目标，日常工作中要求各级机构在报送贷款规模表的同时，进行存量管理，确保应收尽收。并督促各行做好收费的合规性管理，确保每笔业务做到要件完整、要素齐全、科目合规、入账准确。

5. 做好配套服务，严防违规收费

要求各级机构切实转变观念，正确认识和处理整治不规范经营与发展中间业务之间的关系，准确区分"息转费"与"通过提供真实服务合理收费"两者之间的界限，切实做好客户沟通与服务，与客户签订相关服务协议，积极完善服务报告、服务记录，根据服务内容，规范会计科目核算，做到科目明晰、入账规范。按照监管规定及价目表等相关文件要求的标准合规收费，避免服务不到位、有瑕疵等违规问题。

创新启示

鉴于公路项目投资大、期限长的特点，同时商业银行自身也存在信贷规模、行业限额、风险控制要求等因素，一家银行难以全额满足一条公路项目的融资需求，项目融资往往采取联合贷款、银团贷款或联合与银团组合的方式解决融资需求。

联合贷款由各商业银行自行审批，对总投资、资本金额度、银行融资额度的评定各不相同，项目贷款执行的期限利率也会有一定差异，各贷款银行就本行设定贷款条件和价格等事宜单独与客户谈判，贷款投放后仅对本行参贷份额承担风险，与项目业主谈判难度和操作难度大。以银团贷款方式解决项目业主融资需求，各参贷银行对融资条件、价格和管理等意见达成共识，统一与项目业主展开谈判，有益于达成融资方的既定目标，维护各参贷行利益。

案例 17

保险资金实业投资综合金融服务方案

　　为有效服务实体经济，提升市场竞争力，S银行充分发挥在基础设施领域金融服务的传统优势，借助保险行业雄厚的资金实力，为客户搭建多渠道融资平台，推出保险资金实业投资综合金融服务产品。保险资金综合金融服务是S银行面向保险领域相关客户推出的配备资产托管、资金结算、信用增信、独立监督、审价咨询、投行业务、个人业务等全方位、综合化金融服务产品。

创新背景

　　我国经济发展已进入新常态，随着新型工业化、信息化、城镇化、农业现代化持续推进，"一带一路"、京津冀协同发展、长江经济带三大战略以及其他区域发展规划的实施，为保险资金实业投资带来巨大的市场机遇。

　　保监会陆续下发《保险资金间接投资基础设施项目试点管理办法》《基础设施债权投资计划管理暂行规定》《保险资金投资股权暂行办法》《保险资金投资不动产暂行办法》等文件，使保险资金的投资渠道不断拓宽。保险资金投资实业，既是金融服务实体经济、助力中国经济转型升级的重要举措，也是提升保险资金收益水平、增强保险公司市场竞争力的有效途径，为银保合作开辟了广阔空间。

　　正是看到保险资金金融服务的前景，S银行将保险资金综合金融服务作为前瞻性的业务纳入转型规划，加大投入力度，创新金融服务，获得了保险公司、保险资产管理公司及项目方的一致认可。

创新要点

1. 创新过程

为做好保险资金实业投资综合金融服务，S银行由总行公司业务部牵头组建了跨部门的专属团队，团队由总行公司业务部、机构业务部、资产托管业务部、投资银行部4个部门及天津、苏州、广东等3家分行的业务专家组成。整体方案编写历时3个月，经过多次专题会研讨，多次拜访多家资产管理公司，几易其稿，形成了1.6万字的《保险资金实业投资综合金融服务方案（试点）》《保险资金实业投资融资性保证及流动性支持业务操作指引》。

2. 创新亮点

（1）在同业中首推保险综合服务。该产品模式改变了银行对保险客户提供保险代理、资产托管等服务的单一业务模式，通过为客户提供信用增信、资产托管、投融资顾问、审价咨询、独立监督等全方位、多层次综合金融服务，量身定制综合金融服务方案，更加贴近市场和客户需求，增强整个保险资金运用的整体竞争力和可持续发展能力。

（2）有效提升综合收益水平。可有效增加存款、提高中间业务收入、拓展客户账户。开展保险资金项目服务的第一年，沉淀资金约为项目资金的30%；可有效拓展各类项目参与方的存款账户；带动保函、托管、结算、独立监督、代理保险、造价、信用卡及个人等业务发展，有效提升中间业务收入。

（3）针对性和灵活性强，助力实体经济发展。针对不同类型的保险资产投资计划，提供融资性保函或流动性支持的信用增信服务，有效促进重大项目的融资和实施，助力实体经济发展；为保险公司及项目方提供差异化、综合化的金融服务解决方案，满足重点基础设施领域重大项目融资需求，有效促进经济稳定增长。

创新启示

1. 立足客户，创新产品

随着保险资金的投资渠道和客户融资渠道的多样化，改变向客户直接提供贷款的传统思路，立足客户本质需求，搭建新型业务平台，通过保险资金实业投资，提供资产托管、资金结算、信用增信、独立监督、审价咨询、投行业务、个人业务等全方位、综合化金融服务。

2. 部门协作，上下联动

在创新过程中，银行组建跨部门、跨分行的专业团队，分行主要提供客户实际需求、产品落地操作等方面的内容，总行相关部门发挥各自领域产品专业特长和丰富的创新经验，群策群力，合力推出该产品。

3. 合理设计，防范风险

该产品明确目标客户、确定有效风险缓释、制定完善的业务流程，并要求分行定期了解项目建设、资金使用、运营效益和还款情况，并通过配套资产托管、独立监督等业务全方位对项目实施和资金运作进行监控，有效防范项目经营风险。

| 案例 18 |

适应市场和客户需求　内保外贷质押方式创新

创新背景

保函业务一直沿袭授信、保证金存款或银票质押的传统授信模式，而 C 银行通过理财和存款混合质押的方式突破了传统保函授信模式，为保函业务在授信这一环节上探索出一条新的道路。保函业务这一新授信模式在以下案例中的应用，也意味着授信方式创新的成功。

某境内企业主要经营业务范围为教育投资及管理，提供教育投资管理咨询以及为教育机构提供技术支持等，其境外集团公司为亚洲领先的多元化投资管理公司，集团旗下管理的基金资产近 200 亿元。

C 银行了解到企业的母公司在境外有 2 年期资金需求，用于支付其上层公司归还关联公司之间的借款，客户经理敏锐地捕捉到业务机会，向客户积极营销该行的内保外贷业务，通过对该行在行业中优势地位和优质服务体系的充分介绍及产品特点的充分释义，企业同意通过叙做内保外贷业务，用于其境外公司资金周转。而境内公司在该行暂无授信，经与客户商讨后，决定通过全额质押的方式完成该业务，但客户希望将融资成本降到最低。产品经理根据企业的需求，迅速制定个性化融资方案，拟以两期定期存款作为内保外贷质押方式，提高境内企业资金收益，有效降低其融资成本。

在方案获得客户认可后，银行兵分两路展开工作，一方面就客户开户和授信审批分别收集资料，各司其职，并制定业务时序进度表，与经营机构和客户保持有效地沟通和反馈。另一方面客户要求对该行法律协议文本进行法审，双方就协议文本内容进行了多次沟通和协商，最终达成一致。

然而客户都有逐利的需求，向银行提出了价格的具体要求。银行根据客户的要求进一步调整融资方案，以一年期保本理财和一年期定期存款作为内保外贷质押方式，实现境内资金收益最大化，得到了企业的认可。最终在同业激烈的角逐中胜出，赢得了企业的高度赞誉。

C银行通过各相关部门各司其职并通力配合，该笔内保外贷最终成功落地。该笔内保外贷是 C 银行首笔以理财产品和存款做质押开立融资性保函的业务，创新了质押方式，不仅为客户降低了融资成本，也为 C 银行带来了较为可观的中间业务收入和联动中间收入，并派生出定期存款，可谓一举三得。该业务的成功落地标志着 C 银行内保外贷业务的不断成熟，为此类低风险内保外贷业务积累了丰富的经验，探索出新形势下内保外贷创新的业务模式。

创新要点

1. 市场人员对市场机遇的成功发现和捕捉

市场人员对客户的组织架构及经营范围非常熟悉。该企业为跨国公司，跨国公司的在境外的融资需求日趋旺盛，但碍于境外公司的经济实力偏弱，其融资渠道比较单一，基本还是依赖于银行贷款，而通过银行贷款的基本产品主要集中在内保外贷的应用。该案例中市场人员通过对企业的了解，准确确定了营销的具体方向和突破口，成为此单业务成功落地的前提和基础。

2. 产品创新能够迎合客户的欲望

产品功能最重要的一点是能够满足使用者的需求，而产品创新需要在此基础上更高层次地满足客户的欲望。在客户对价格极度敏感且有行业竞争者进入的情况下，通过理财存款的结构性组合质押，同时解决银行授信条件落实及客户降低成本提高收益的欲望是此单业务成功的关键。

3. C 银行的创新文化适应市场和客户需求的客观情况

商业银行的内部组织机构比较复杂，越是专业化的银行，其内部分工就越为精细。而一项产品的创新往往要根据产品的流程经过多个部门的评估，在评估结果证实创新项目科学合理、风险可控的前提下，各相关部门各司其职、通力合作才能创新成功。该案例中的产品创新亦经过银行内部各部门对创新的认可及配合，从结果来看，不仅创新产品得以落地，在效率方面也得到了很大的提升，为争取商机赢得了宝贵时间。

创新启示

1. 要提高市场人员捕捉商机的能力

市场人员捕捉商机能力的提高在于对市场情况的了解，对客户情况的了解，对产品业务的了解。对市场情况的了解是掌握大趋势的需要，了解市场的热点和发展趋势是把握大方向正确的保障。对客户的了解是在大方向确定后寻找适合行业客户的细化工作，锁定的行业客户不仅要符合市场热点，更要符合各商业银行发展战略及客户群体范围。同时，市场人员要对自己营销范围内的产品功能和优势非常熟悉。只有向客户营销的产品真正满足客户需求才能有效捕捉到商机。

2. 超越客户普通需求，满足客户合理欲望

目前，市场上各家银行的担保产品基本都能满足客户的普通需求，产品基本趋于同质化，因此能够满足客户合理欲望的竞争优势才是胜出的关键。从本案例可以看出，通过降低客户的成本比简单的降低产品价格更有优势，而且能够满足银行内部的产品定价门槛。

3. 在创新意识上达成共识和一致至关重要

创新是现代银行获得竞争优势的基本条件之一，而创新文化的培养又是银行实现创新的根本，因此加强创新文化的培养是银行发展的必修

课。从本案例可以看出，该项创新不仅仅涉及产品部门，还涉及法律、风险、授信等部门，正是这些部门在创新意识上达成了共识，通力合作才促使创新落地成功。因此，在创新文化培养的各项措施中，如何促使银行内部各部门之间在创新意识上达成共识和一致至关重要。

案例 19

巧用保函　银企共赢的内保外贷业务

创新背景

A 公司为国内某上市公司全资子公司，成立于 2013 年 4 月，注册资金 2 亿元，和 M 银行一直保持着长期稳定的合作关系。M 银行在一次客户实地拜访中了解到，A 公司以存单质押的方式在 S 银行境外平台公司筹集数笔外币资金，而 A 公司对其在境内 S 银行的存单收益率、境外融资成本和服务效率不甚满意，倾向于在不影响自身现金流的前提下换一家银行叙做该笔业务。

了解到客户这一需求，M 银行迅速成立了以经营机构负责人为组长，以该业务可能涉及的各部门骨干为组员的项目小组，经过财务部门的精确测算和对境外代理行的多轮询价，最终向其提供了颇具市场竞争力的境内外存贷款价格，同时做出 M 银行服务效率承诺，客户对此表示出较强的合作意愿，但是表示业务平移至 M 银行不会提供额外的过渡资金，境内人民币资金不得跨境支付。

面对上述困难，M 银行并未轻易放弃。对于资金无法对外直接支付，而境外又需要资金归还 S 银行贷款的情形，M 银行拟采用内保外贷的方式介入，即客户将其人民币资金质押给 M 银行，M 银行据此开立以境外融资行为受益人的融资性人民币保函，境外 B 公司作为该保函项下的借款主体，所融资金用于归还 S 银行贷款。通过开立银行保函解决了资金不跨境的问题，以此满足境外客户资金需求的目的。

对于客户不能提供过渡资金问题，项目小组经过多次商议讨论，对该集团旗下企业在 M 银行办理的业务进行全面梳理，发现该集团旗下另一个子公司在 M 银行已办理的理财计划，其质押的股票在 2015 年上半年股市上涨期间可以释放一部分，以此为开立保函业务提供阶段性担保。

在境外借款主体和境外还款来源方面，M 银行要求 A 公司提供荷兰商会出具的股权登记证明，可确认香港 B 公司对境外投资公司的全额控股。同时，也提供了境外司法部门出具的注册证明文件，用于证实境外投资公司对所收购的油气田公司的绝对控股。

创新要点

通过以上解决思路，M 银行设计了最终产品服务方案。

1. 主打产品的服务方案

阶段性股票质押 + 多笔定期存单质押 + 跨境人民币融资性保函 + 境外代理银行放款。

2. 产品方案说明

客户以股票质押获取 M 银行阶段性授信，用于申请在 M 银行开立跨境人民币融资性保函，以境外 Z 银行作为受益人，所融资金用于归还境外 B 公司在 S 银行保函项下的境外受益人银行贷款，贷款归还后，S 银行获得该笔融资项下受益人银行担保责任解除的电报，从而释放该笔保函在 S 银行对应的存单质物，该存单项下的资金转存至 M 银行，重新开立定期存单，以此存单作为标准质物开立第二笔跨境人民币保函。该保函开立后所融资金可以解除 S 银行第二笔保函所对应的质物，M 银行取得存单后可以开立第三笔保函，以此类推，最后一笔保函开立所释放的 S 银行存单，用于覆盖首笔授信项下的风险敞口。至此，阶段性授信额度不再支用，所有开立的人民币保函全部实现全额保证金质押，M 银行办理股票解压手续，业务顺利实现过渡。

通过 M 银行内保外贷产品的引入实现业务顺利过渡，该工作效率得到客户的高度评价，M 银行境内人民币存款价格和境外融资成本都优于 S 银行现行的报价，客户的综合收益有了较大幅度的提升，M 银行也实现了大量稳定存款、国际结算量及可观的保函手续费收入。

3. 风险分析及控制方式

（1）操作风险。此次授信办理流程长，次数多，质押登记事项多，为避免操作风险，在上述流程设计时，经过项目小组多次共同讨论确定，上述内容都符合《单位定期存单质押贷款管理办法》的相关规定，只要操作认真，操作风险可以规避。具体操作流程如下：一是 M 银行办理股票质押手续，并落实其他授信条件后，M 银行作为担保行向境外受益银行开立首笔融资性保函。二是在具体操作前，M 银行已经与境内 S 银行、境外 Z 银行通过邮件、电话、微信等方式进行多次沟通确认，各银行对可能存在的制度障碍一一进行清除，在业务实际操作时，克服境外 Z 银行时差困难，各个环节环环相扣，三方银行配合得当，在不影响客户既得利益的前提下，以最短的时间实现业务的平稳过渡。

（2）法律风险。A 公司为有限合伙企业，根据《合作企业法》相关规定，A 公司符合合伙企业设立条件，不存在合伙企业解散条件的任何情形，其质押给 M 银行的存单资金来源为其在他行的存款，办理质押业务有其合理性。

（3）合规风险。该业务资金最终流向境外 B 公司多层控制的境外油气田公司，逐层的公司权属关系需要权威的官方证明文件，该油气田项目作为上市子公司，项目进展情况可以随时在该公司的公开信息披露中反映出最新动态。此外，由于 M 银行保函项下的受益行 Z 银行在全球有较大的网络布置，M 银行也委托其对项目进行现场调查，确保资金真正用于油气田开发和建设，同时落实第一还款来源，对境外资金投放项目的现金流进行测算，确保到期企业有稳定的现金流按期还款。

创新启示

此笔业务的顺利推进，是 M 银行坚持客户至上的服务理念，各个部门紧密协作，各个银行通力配合的结果。这让 M 银行更加坚信团队合作开发的重要性，在整个业务过程中，M 银行也遇到过诸多困难，召集相关部门进行激烈讨论，各自发表意见，寻找可以变通的方式方法，在确保 M 银行资产质量与合规的前提下，实现银企双赢。

1. 内保外贷产品的介入是成功营销客户的关键

此方案的难点在于客户持有人民币存单，但是不愿也不能通过保函履约的形式将其购汇汇出。同时，客户也希望利用境外低成本的外币贷款资金帮助其境外油气田项目开发，在深入了解境外项目情况，落实第一还款来源后，M 银行利用保函或有负债的特性，向其推荐了内保外贷产品，即境内以全额人民币质押在 M 银行开立跨境保函，借助 M 银行广泛的全球代理行网络和充足的同业授信额度，由保函受益人银行在境外为 B 客户提供融资，再将境外的项目现金流回款作为融资的第一还款来源，款项结清，在收到境外代理行的保函责任解除报文后，M 银行释放境内 A 公司在 M 银行存单质物。这一方案得到客户的认可，成为成功营销该客户的关键。

2. 创新了抵押品管理机制

该笔业务客户无法提供多余抵押物。通过寻求过渡性抵押物，经过多次滚动置换后，成功地将他行抵押物抵押到 M 银行，为今后对公业务抵押物办理提供了一种思路，通过过渡性抵押物置换出他行抵押物，进而实现优质客户营销。

3. 增强了业务办理人员的风险识别能力

在项目报批、风险识别，风险规避，押品管理等方面保持严谨的态度、理性的思维，从客户需求出发，克服困难，解决问题，在项目风险可控情况下，成功促成项目落地，为丰富集团客户金融服务画上了浓重的一笔。

4. 加速海外业务布局十分必要

在当前"一带一路"发展战略和人民币国际化的背景下，中资企业"走出去"的步伐加快，银行需以客户需求为出发点，积极拓展自己的思路，在产品研发上做足文章，同时加速海外分行的布局，通过境内外联动获取全球范围内的低廉融资成本，真正实现银企共赢。

| 案例 20 |

成功营销民航投标企业　实现保函业务
收入大幅增长

创新背景

随着我国成为第一大进出口国、第一大快递业务国和第一大出境客源市场，以及"一带一路"、京津冀协同发展、长江经济带三大重点战略的实施，上海自贸区、中韩自贸区、中国—东盟自贸区和津、粤、闽3个自贸区建设的不断推进，给我国民航业发展带来新的战略机遇和商机。××客户是中国民用航空局直属企业，为国内各大机场建设提供全方位服务的企业，其核心业务在整个机场建设行业具有垄断性地位。Z银行营销团队通过多方沟通，实时了解国内新旧机场改扩建信息，摸清了该客户市场投标脉络，敏锐地抓住了业务机会，从建立授信合作关系在不到一年的时间内，Z银行在××客户当地既有5家合作银行的基础上，成功地营销成为该客户最大的授信合作银行、结算银行，截至2016年年末，该客户在Z银行的业务占比超过90%。

创新要点

1. 服务流程

××客户上游企业主要是国内各大机场，其业务开展模式为：在机场项目招标前，收集客户提交投标文件及投标保函；在项目中标签订合同后，客户再向机场方提交履约保函和预付款保函，机场方收到预付款保函后，将相应预付款金额支付给××客户。具体程序为，一是实时跟踪项目进展，了解项目招投标时间节点、标的金额等情况；二是在项目投标前开具投标保函时锁定中标后由 Z 银行开具履约保函、预付款保函；三是在合同签订时约定 Z 银行为合同章收款银行，锁定该项目的后续预付款资金和工程结算资金，沉淀为结算存款。

2. 配套管理

（1）授信环节。通过前期调查，弄清楚公司未来订单情况，提前展开授信总量申请工作，从分管领导、公司银行部到营销部门就授信审批、定价、保函手续费率收取等相关事宜提早研究，制定有竞争性的方案，以尽早取得授信批复。

（2）保函环节。法律部门、市场部、财务部保持高效沟通，配合客户做好与机场方的保函格式沟通工作；在确保合同签订时，Z 银行出具保函及双方认可的保函格式。

（3）资金环节。密切跟踪项目建设周期、结算周期，并锁定结算资金进入 Z 银行账户。

3. 实施效果

不到一年时间，Z 银行已为××客户开具 20 笔非融资性保函，累计开立金额超过 3 亿元，沉淀保证金日均存款 6500 万元，收取保函手续费 202 万元，Z 银行基本揽收××客户所有保函业务。另外，已营销××客户的 4 家成员企业到 Z 银行开立账户，办理流动资金贷款、银行承兑汇票等授信业务。目前，正在推动为××客户搭建"交易+集团现金管理平台"和"电子委贷平台"，通过产品营销增加客户对 Z 银行的黏性，全方位建立合作关系，更大地揽收业务份额，更多地归集集团资金至 Z 银行。

根据企业未来一年业务市场拓展情况，Z 银行正在申请 13 亿元授信总量，预计未来一年将开立 6 亿元保函，沉淀 1 亿元保证金存款，实现 300 万元保函业务手续费收入。

创新启示

该案例在业务发展方向和客户营销上有以下启示。

1. 业务发展

围绕 Z 银行战略发展规划，积极调整收入结构，大力发展中间业务。基于××客户所在民航集团贷款定价不高，结算资金量大、保函业务频繁等特点，Z 银行摸清客户资金脉络、业务特点，制定了行之有效的金融服务方案，并侧重于大力揽收保函业务，沉淀结算资金存款，实现保函手续费中间业务收入的大幅增长。

2. 客户营销

Z 银行前中后台各部门协同合作，密切配合，为客户提供"一站式"服务，每笔业务的落地都离不开前台营销部门、授信审批部、公司银行部、法保部门、授信管理部等专业团队的通力合作。客户对 Z 银行专业、敬业、高效的金融服务高度认可。

第五篇

金融市场业务创新

| 案例 21 |

互联网营销推动金融市场中间业务发展

创新背景

1. 市场背景

2013 年以来，随着互联网金融的快速发展，金融产品营销环境和消费者行为特征发生了巨大的变化，有别于传统营销方式，互联网营销以其广泛性、交互性、趣味性的优势，通过引人入胜的图形界面和多媒体特性，使企业可以充分地展示自己的形象、产品及服务，充分利用网络进行广告宣传，全方位、立体化地展示企业和产品信息，进而有效提升客户的接受度。

近年来，A 银行积极顺应互联网金融发展趋势，创新运用多种多样的互联网营销方式，有效促进了金融市场中间业务相关产品的营销宣传，大力提升了 A 银行金融市场产品的市场影响力和认知度。A 银行金融市场中间业务主要包括账户类交易、结售汇及外汇买卖等投资交易和承销类产品。A 银行通过深入分析金融市场中间业务个人产品现有客户的行为模式，总结提炼出此类产品的客户行为共性特征，进而对潜在客户群进行画像侧写，针对现有客户及潜在客户开展了一系列基于互联网的精准营销活动。

2. 客户概况

经分析，A 银行投资交易类产品的目标人群主要包括两类，一是经验人群，即具有一定的投资交易经验、市场分析及风险承担能力的成熟型投资者；二是意向人群，即投资理财经验较少，但有一定的经济基础，且具备一定的投资理财意识的年轻人群。针对目标客户，营销目标是扩大 A 银行投资交易品牌和产品的知名度，吸引更多的新客户到 A 银行开户交易，提升现有客户的动户率。

3. 创新思路及方案

A 银行根据不同类别客户特点分别制定了营销方案。针对经验人群，主要通过设立微信、微博公众号传播市场行情、市场资讯、产品介绍等信息；针对目标客户开展网络互动营销，采用大数据分析技术进行精准营销等方式，对投资者的交易行为进行专业引导，吸引客户充分了解 A 银行产品的特有优势，并激发其投资交易行为；针对意向人群，主要采用互联网话题营销、微视频、H5 游戏等形式寓教于乐，多渠道培育投资者，激发客户的关注和兴趣，从而引发尝试愿望和交易意愿。

创新要点

A 银行在金融市场中间业务推广方面对互联网新型营销主要做了如下尝试。

1. 面向经验人群

（1）广泛开展社交平台宣传。A 银行在微信、微博、博客等社交平台，以统一名称"A 银投资交易"建立了公众号或认证账号，每日发布金融市场业务综述、市场概览、市场分析、产品信息、营销活动等内容，借助社交媒体平台的高用户黏性，优化了与经验客户群体的互动交流。

（2）尝试互动营销模式。充分利用境外留学与旅游的有利时点，面向留学生群体及出境旅游群体分别开展了"晒 OFFER A 银行送你去留学"及"爱 GO、爱晒、爱分享，晒攻略，赢大奖"个人结售汇网络互动活动。通过鼓励网友在活动页面晒出留学 OFFER、旅行攻略，分享留学及旅行感言，同步传播 A 银行结售汇相关产品信息等方式，扩大 A 银行结售汇品牌知名度，吸引核心客户群关注 A 银行结售汇产品。

（3）利用网络实施精准营销。A 银行深入开展对账户类交易等产品客户的交易行为特征分析，对于开通第三方存管、理财产品及开放式基金等业务的客户建立投资交易类潜在目标客户名单，充分利用行内智能营销系统开展交叉营销活动，当目标客户登录 A 银行网银后，在网银交易页面向其推送金融市场相关产品广告，起到了事半功倍的效果。

2. 面向意向人群

（1）开展话题营销。金融市场产品专业性相对较强，在开展宣传过程中，应多采取图文结合的方式，并结合当下热点话题，吸引客户的眼球，使其在相对轻松的气氛中了解相关产品信息。A 银行面向潜在客户开展了 20 余期金融市场业务话题营销，并通过行内微信、微博公众号以及生活、财经等领域的网络意见领袖发布和推送产品，目前累计阅读量已达百万人次以上。

（2）尝试微视频传播。视频短片具有感染力强、形式内容多样、创意丰富等优点，通过网络视频开展营销，把产品或品牌植入视频，能够产生视觉冲击和表现张力。

（3）创新开发 H5 游戏对话用户。A 银行结合"猴年"《西游记》等热点元素以账户交易类产品为主题，开发手机 H5 微游戏，游戏巧妙地将产品元素、产品问答植入互动挑战中，进一步强化了产品优势的渗透。在游戏里，账户贵金属、账户基本金属、账户原油、账户农产品、账户外汇 5 个道具均代表着不同的财富值，用户通过移动终端互动来赚取不同额度的财富值积分并赢取奖励。在游戏复活机制中的趣味问答设置更深化了业务功能，传递了基本的交易规则与行情研判的信息，有效地将活动转化为内容营销。游戏上线 4 周，累计参与约 40 万人次，吸引了大量的潜在客户，成功地进行了投资者教育，激发了意向人群的投资交易热情。

创新启示

A 银行不拘泥于商业银行的品牌形象，"大象也要转身"，顺应

"互联网＋"快速发展的时代趋势，勇敢拥抱互联网，寻求成功转身，具体经验及启示如下。

1. 紧跟时代发展步伐，时刻保持创新意识

在网络高度发达的今天，营销方式在不断创新，宣传机遇无处不在。要时刻关注并了解新兴的营销宣传技术与形式，紧跟时代热点，思考如何运用丰富的传播渠道和方式形成营销实效。A 银行从战略上高度重视互联网营销工作，紧跟时代发展浪潮，勇于创新，不断拓宽互联网营销眼界和思路，充分意识到互联网营销是适应市场需求和满足客户需要的必然选择，积极研究并运用互联网时代所赋予的创新营销模式，更加贴近市场和客户的真实情况开展互联网营销，以加快推动金融市场业务发展。

2. 加强大数据分析技术研究，为创新营销提供技术保障

随着大数据时代的到来，充分挖掘和利用海量数据中蕴藏的巨大价值，成为企业发展的关键推动力。精准营销作为大数据技术应用的一个重要方面，迅速改变了传统营销模式，极大地提高了营销实效，提升了广告的针对性及转化率。A 银行率先在国内同行中完成了全行数据大集中，实现了全行境内外所有分支机构各类数据的集中处理和统一管理，信息系统拥有大量有价值的信息，为开展互联网营销，进行大数据分析提供了必要条件。

3. 合规开展互联网营销，切实规避声誉风险

互联网是把"双刃剑"，既能帮助商业银行迅速传递广告信息、提高知名度，同时网络舆情扩散快、把控难，如果处理不当容易给企业声誉造成负面影响。因此，在利用互联网创新宣传方式拓宽营销渠道的过程中，要切实注意以下几类。一是加强营销宣传的风险提示，向客户充分揭示风险，客观宣传产品优势；二是加强自身正面宣传，不对竞争对手做负面评论；三是密切关注舆情走势，发现问题及时采取恰当的应对措施，防范声誉风险；四是谨慎使用微博、论坛，避免制造对抗性、争议性话题，防范负面信息扩散和传播。

案例 22

与时俱进　成功运用黄金组合产品创新发展

创新背景

C 银行是上海黄金交易所理事会成员和上海金定价交易定价成员，在上海黄金交易所总交易量多年来居市场第 1 位，同时也是 LBMA（伦敦金银市场协会）的商业银行会员及黄金直接定价行，始终在国内外贵金属市场保持较高的声誉和影响力。随着我国贵金属市场的快速发展，更多的金融机构参与其中，虽然贵金属是 C 银行传统优势业务，但市场的充分竞争对 C 银行的市场份额带来一定冲击。面对激烈的竞争环境和丰富的个性化需求，唯有创新发展才能保持业务长久发展。

A 公司为我国大型产金企业，是 C 银行上海黄金交易所代理客户，多年来一直与 C 银行保持良好合作关系。2015 年以来，黄金价格持续下跌，该公司为保证赢利决定暂缓黄金销售，但此举造成了大量库存积压，而公司也因销售收入下滑而造成资金周转困难。C 银行在营销过程中发现了该问题，并主动向客户推介了"黄金质押 + 黄金租赁 + 美元黄金远期"产品，一方面通过质押，使闲置黄金重新得以利用，业务到期履约后，黄金的所有权仍归属客户；另一方面企业通过黄金租赁获得一定数量的黄金，然后在市场上抛售获取营运所需资金，同时叙做美元黄金远期锁定归还时的黄金价格，避免了金价上涨带来的市场风险，解决了企业目前面临的经营难题。然而，在业务推进过程中，尤其自

2015 年 8 月 11 日人民币汇率改革以来，人民币波动加剧，A 公司提出了该产品组合项下的美元黄金远期存在一定的汇率风险。C 银行在了解到客户的疑虑后，对该产品组合进行改良，优化为"黄金质押＋黄金租赁＋人民币黄金远期"产品，较之前的组合产品，该产品除满足客户所需之外，还可规避客户担忧的汇率风险，企业资金成本完全被锁定。

对 C 银行而言，此业务模式信用风险完全可控，为 C 银行带来的综合效益。一是增加了金融市场中间业务收入；二是提高了金交所代理业务交易量；三是客户通过黄金租赁后抛售获得的资金可再次沉淀至 C 银行，增加 C 银行存款；四是因为客盘交易量增长，为 C 银行的自营业务带来了流动性，提升了 C 银行的综合报价能力；五是以产品为纽带提升了单一客户的市场份额。

创新要点

1. 精准识别客户需求，准确捕捉业务机遇

C 银行在营销过程中，通过与客户的沟通与交流，敏锐地发现了企业面临库存积压和资金周转困难的问题，以代理业务为介入点，将"黄金质押＋黄金租赁＋人民币黄金远期"三项产品有机地组合在一起，很好地解决了客户所急，既盘活了客户的黄金库存、满足了营运资金的缺口，又有效拓展了 C 银行的市场份额、提高了业务的整体赢利水平，实现了银企双赢。

2. 密切跟踪市场变化，适时改进产品结构提升服务质量

在该案例中，客户对 C 银行提出的第一个方案，即"黄金质押＋黄金租赁＋美元黄金远期"产品存在疑虑，因其担心汇率波动幅度较大会对其远期保值效果产生较大影响，C 银行进而将组合产品中的"美元黄金远期"改进为"人民币黄金远期"，由此可以看出，客户极为关注金融市场变化，因而在产品（尤其是金融市场产品）的推广过程中，银行也应密切跟踪市场变化，提高市场敏感度，结合客户需求，适时向

客户推介合适的产品。

3. 创新成果

（1）运用组合产品提升业务效能。创新性地运用组合产品提升了业务效能，从无到有，创造出金交所代理、自营交易、黄金租赁、黄金远期和存款等多项业务，一举多得。同时，C 银行在营销过程中，发现客户风险偏好较低时，能够密切跟踪市场变化，适时改进产品结构，将"黄金质押 + 黄金租赁 + 美元黄金远期"优化为"黄金质押 + 黄金租赁 + 人民币黄金远期"，将业务机遇通过创新发展进一步牢牢地掌握在 C 银行手中。

（2）自营与对客业务相互促进。自营与对客业务通常相辅相成，既可以说强大的自营功底提升了品牌价值、吸引了客户资源，也可以说多元化的客户需求促进了自营的报价能力、优化了交易结构、充实了业务的流动性要求，两者良性互动，相互促进，提升了 C 银行贵金属业务在对客及银行间市场的优势。

创新启示

1. 熟悉自己的客户

对客户经营情况及自身需求时刻保持敏感度，在评估其信用风险程度、对风险的接受能力和满足其业务需求的基础上，提供最适合客户的产品，以提升客户对 C 银行服务的依赖度。在本案例中，客户风险偏好较低，在 C 银行向其介绍"黄金质押 + 黄金租赁 + 美元黄金远期"组合产品时，客户对汇率风险存在一定程度的担忧，而 C 银行在了解情况后，及时将产品改良为"黄金质押 + 黄金租赁 + 人民币黄金远期"组合产品，以求完全匹配其需求，促成双方最终达成合作。

2. 熟悉自己的产品

除了熟悉客户外，为准确抓住业务机会，还需对 C 银行各条线产品有足够的熟悉度，具备跨条线组合运用的能力，进而能够适时从 C 银行产品库中准确挑选出最适合客户的产品，并根据其个性化需求进行改进完善。

3. 熟悉金融市场

金融市场包含了外汇、贵金属、利率等，在客户营销的过程中要求我们能够根据市场变动及时与客户交流，介绍最新的市场动态、最新的政策变化和最新的业务趋势，同时也需要向客户充分揭示各类市场的潜在市场风险与合规风险，并根据市场变化把握客户的风险敏感度，评估其风险承受能力，向客户推介最合适的产品。

4. 保持自营市场领先地位，与对客业务良性互动

在国内贵金属市场方面，C 银行与上海黄金交易所维持长期、稳定、良好的合作关系，积极参与上海黄金交易所的各项业务，协助金交所新合约、新产品上线与筹备工作，共同促进中国黄金市场的健康发展。

在国际贵金属市场方面，C 银行以成为 LBMA 黄金直接定价行为契机，成功营销了多家外资银行成为 C 银行伦敦金定价同业客户，为其提供伦敦金兑美元及欧元等定价委托报价，C 银行的报价能力也逐渐被国际黄金市场的主要做市商认可，代客业务量呈逐渐增加态势。

国内外贵金属市场业务互相促进，自营与对客业务良性互动，依托国内外市场自营业务的不断创新拓展，可有效带动对客产品的不断推进，同时结合客户需求与 C 银行在国内外市场的交易优势，为客户提高参与贵金属市场的深度和广度，实现银企共同成长进步的良好格局，在丰富贵金属产品线的同时，有效提高 C 银行业务利润，提升 C 银行在贵金属领域的境内外影响力。

5. 发现的问题

在此案例中，也发现了一定的问题。客户的需求灵活多变，银行应与时俱进不断丰富自身产品库，而在新产品开发环节，应加快行内流程，理顺行内产品设计、系统投产等环节，提高工作效率，缩短开发周期，避免因产品不能适时推出错失市场机遇，从而引起客户流失的。

金融市场中间业务创新

——人民币外汇期权业务

创新背景

自从 2011 年 4 月开展人民币外汇期权业务以来，历经蛰伏期后逐渐进入客户视野。市场交易量快速增长，银行间年交易量从一年 10 亿美元发展到目前日均 100 亿美元以上。交易主体日益丰富，客户范围逐渐扩大，接受度日渐提高，客户从单纯的买入卖出期权发展到逐渐接受多种形式的期权组合以及与远期、掉期的跨品种组合。

在期权市场发展的同时，人民币汇率波动增强，经历了 2015 年 8 月 11 日人民币汇改后，2016 年人民币加入特别提款机（SDR）和人民币指数的推出，人民币的走势不再紧盯美元，而是参考一篮子货币的变化保持人民币的基本稳定。新的中间价形成机制的推行，成功地将国际外汇市场的波动引入境内人民币即期市场，成为除市场供需力量对比之外，影响人民币走势的另一重要外生因素，这给人民币外汇市场带来深刻而根本的变化。

对人民币外汇期权而言，交易时间延长，市场定价透明，汇率双向波动的特点明显，日间和隔夜波动率较以往大幅提高。伴随着市场变化，国内客户不再像以往在波幅很小、单边升值（或贬值）预期很强烈的环境下对人民币进行简单的对冲套保，而需在波动增加、各方力量此消彼长的市场中对时点、价位进行合理的判断选择，因此客户对于期权类产品的需求更为迫切。

同时，标准化期权合约得到大力推广，监管当局也在研究逐步允许更多机构和个人参与期权交易，人民币期权市场正在迎来发展新阶段。在此背景下，C 银行响应市场的变化，推出一系列人民币外汇期权业务新产品，以满足客户群的不同需求，取得了良好的效果。

创新要点

期权产品的特点在于涉及的交易要素较多，支付结构和定价比普通的远期、掉期更为复杂，也正是因为这个特点，通过选择不同的交易方向、期权类型、执行价、组合方式，期权可以表达更为丰富的市场观点，不仅仅是对简单的涨跌方向的判断，还有对于价位、时间、价格变化速度等的判断。创新的要点在于倾听客户的具体需求和限制、风险承受能力、对市场的理解和预测，通过期权量身设计出合适的期权和期权组合产品。

国内客户在外汇市场上通过衍生产品对冲其未来结汇或者购汇的需要，C 银行人民币期权产品的创新也从这两个方面出发，遵循由难到易、由简入繁的原则。最开始单一看涨或看跌期权，通过选择合适的价位（人民币即期市场的双向波动增强，使得判断价格走势的关键价位区间变得更加市场化），辅以灵活的对期权费的日期设定，可以满足一大部分客户的需要。但鉴于期权本身除了内在价值之外，还有不菲的时间价值，往往需要通过卖出一定价位的期权（即客户放弃某些可能的收益）来降低成本，因此涉及两个或三个甚至更多的期权进行组合：组合的设计和推广需要客户对市场有较为明晰细致的判断和理解，且不超出自身企业的风险承受能力；而且，C 银行还需要结合银行间人民币波动率的相对价格水平进行合理推介。对于市场和产品经验更加丰富的客户而言，C 银行还会将期权产品和人民币外汇远期、掉期以及货币掉期等其他衍生品结合起来，设计出更为复杂的产品。

汇率波动性的提升、期权产品种类的丰富和交易主体的拓宽，对期权组合管理提出了更高的要求，这也是人民币期权产品创新过程中值得做市报价银行关注的一点。创新设计出来的产品，尽管可能有复杂的结构，但是总可以拆分为几种期权的组合。由于客户选择的期限和执行价等都比较个性化而非标准化，在银行间市场对冲头寸的时候总是或多或少存在错配的风险，一方面需要做市银行尽量减少错配头寸，另一方面也需要对市场走势和风险进行更为准确的分析和判断。

创新启示

人民币期权产品的创新，一是得益于整个人民币外汇市场的发展和监管政策的变化。过去由于人民币市场波动非常低（3个月和1年期限的美元兑人民币已实现波动率长期位置在2%左右），加之交易方向的限制（客户不能裸卖期权），可向客户提供的交易产品非常有限。随着人民币国际地位的提升，人民币外汇市场也在不断发展和成熟，基础产品（外汇即期、掉期、远期以及人民币货币市场工具）市场不断深化，客户端也从单买期权放宽至买卖都可以，拓宽了客户交易的自由度，这些都为期权市场的培育和新产品的设计提供了坚实的基础。二是对客户认知度的培育和对客户具体需求的细致分析了解，从中提炼出众多客户需求的共同点，才能设计出符合其风险偏好、财务制度等要求的产品。国内客户对于人民币外汇期权的了解是一个由浅到深的过程，需要银行主动推介，加深认知，并且认真倾听客户的需求，设计出符合其需要的结构，选择合适的组合形式、期权类型、执行价等要素，并充分解释其面临的风险因子和对应的损益情况，让客户由小到大、由简单到复杂逐渐熟悉和接受这些产品。只有这样，中间业务的创新才能落到实处，真正推广开来。

总之，普通外汇期权及其组合产品在国外来说，是一个相当成熟的产品，但就国内而言，还处在一个快速发展的阶段，人民币外汇期权产品的创新，离不了整个人民币外汇市场的发展，也需要银行与客户的良性互动，共同促进其发展。

| 案例 24 |

布局金融市场对客交易业务　助力企业
化解金融市场风险

创新背景

近年来，C 银行积极布局金融市场对客交易业务，目前该业务已发展成 C 银行向"轻型银行"战略转型的重要抓手。2016 年中期业绩报告披露，金融市场业务整体增长迅速，其中对客外汇交易类中间业务收入同比增长 41%；为机构客户定制的衍生品交易服务总量同比增长 122%，达到 1600 亿元的规模，是 C 银行目前规模增长最快的新兴业务之一。

创新要点

2016 年 10 月，C 银行在沪举办了首届"C 银避险"金融避险交易研讨会。会上介绍了 C 银行金融市场业务的发展情况。在此次研讨会上，C 银行从服务团队、基础产品、方案实施、信息咨询等多个维度，推介"C 银避险"。在"C 银避险"服务体系下，C 银行配备了在全球知名中外资机构有着丰富从业经验的方案设计师、交易员、研究分析师组成专家团队。企业通过"C 银避险"服务体系，可以与 C 银行的资深交易方案设计师随时线上互动交流，认识自身的风险管理需求，获得

"一对一"技术指导,减轻企业日常经营中的金融市场风险管理压力。企业也能从专业的市场研究团队、业内知名一线交易员获取市场观点和保值避险策略。

"C 银避险"提供超过 20 种以上的基础产品,涵盖外汇、利率、贵金属和大宗商品等多个境内外金融市场中的交易品种。C 银行的方案设计师也结合企业主营业务特点,对基础产品改良,并上门为企业量身定制套期保值策略。对于方案的实施,有绿色通道、电子交易平台等多种交易渠道供企业选择。

创新启示

在传统市场需求不足,而外汇、利率等金融市场波动加大等背景下,C 银行积极将金融市场交易优势植入对客交易服务中,组建专业的方案设计师团队,发挥创新能力,秉持"因您而变"的服务理念,满足客户多元化和个性化的需求,实现了对客金融市场交易业务的快速增长。

| 案例 25 |

创新汇率产品　降低企业融资成本

创新背景

　　××公司是 C 银行的分行级战略客户，是国内较大的化纤供应商，主营产品为涤纶丝原材料进口、生产及销售，与 C 银行有近 10 年合作历史，集团综合授信额度达 6 亿元，历年在 C 银行有大量的国际结算量。由于××公司资质优良，为当地同业争揽合作的对象，其在他行均取得了大量授信额度，且授信条件均非常优厚。C 银行国际业务部一直很重视与××公司的业务合作，大力开拓国际业务，并注重服务效率，为××公司开立信用证效率稳其众多合作银行之首，因此该企业加急、特急的开证业务均交给 C 银行来完成。

　　近年来，由于国家经济结构调整以及化纤行业自身的运行周期等原因，国内需求大幅降低，企业在 C 银行办理的进口开证、国内信用证、外币的贸易融资等业务均大幅下降，业务发展陷入瓶颈。

　　2014 年 9 月，在一次对企业实地走访中，客户经理了解到该企业的境外附属公司在香港某银行有 2200 万美元贷款即将到期归还，且未来半年内还有美元贷款到期，合计金额约 1 亿美元。在得知该消息后，客户经理立即将相关业务信息反馈到分行国际业务部，分行营销团队也在第一时间约见企业财务总监，反复论证产品方案。针对客户需求及其境内外公司的结构，C 银行建议其通过境外放款的形式，由境内母公司向当地外汇管理局申请备案，在核准额度内，以合同约定的金额、利率和期限，为其海外子公司提供直接放款的资金融通方式，用于归还企业海外公司在境外银行的贷款。

2014 年下半年以来，欧洲央行实施新一轮量化宽松政策，欧元融资利率下行，且欧元对其他主要货币汇率有贬值趋势。欧元作为弱势货币，不仅融资成本较美元更为低廉且预期持续贬值有助于进一步降低融资成本。C 银行在给客户制定的具体业务方案是：企业全额质押在 C 银行办理半年期欧元贷款，C 银行通过外汇买卖换汇为美元，为客户进行境外放款，业务到期时客户可以用人民币购汇，通过外汇买卖用美元兑成欧元归还 C 银行欧元贷款（见图 1）。由于企业与 C 银行对汇率市场有同样的判断，当即表示了高度的合作意向，鉴于 C 银行长期以来对客户各项业务高效率的服务，企业随即在 C 银行通过该种模式办理了多笔此项业务，合计金额达到 1 亿美元。在企业贷款存续的半年内，C 银行金融市场部密切关注外汇市场动态，积极与客户沟通。2016 年 3 月，由于美联储加息预期强烈，市场上非美货币持续贬值，在 C 银行的

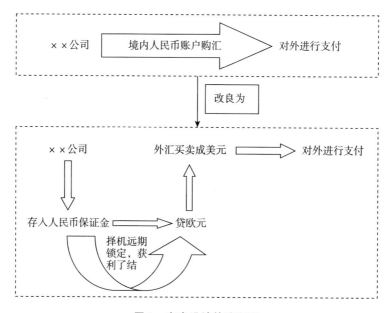

图 1 方案设计的流程图

方案下，客户在较好的时点锁定部分头寸，规避了汇率风险，C 银行也因此获得客户的好评。

创新要点

通过该方案，不仅解决了客户归还境外银行贷款的需求，同时带动了近 6 亿元的负债和等值 1 亿美元的外币贷款、合计 2 亿美元的外汇买卖和远期购汇交易量，实现轻资本中间业务收入 223 万元。不仅如此，C 银行的综合服务能力和工作效率得到了客户的高度认可，随后该客户又将当年的设备采购订单通过 C 银行办理进口，体现了银企合作的创新。

创新启示

第一，平时应高度重视对客户的日常服务，尤其是对重点、优质客户的服务，这是经营机构抓住业务机会的前提和基础。

第二，在现行的业务模式中，应不断总结出能撬动客户并且有益于 C 银行的综合方案，并运用于实践。

第三，在实际操作中，对汇率市场的形势分析要与客户充分沟通，动态监控。

第四，该产品可以推广给其他有外币融资需求的客户，结合客户实际的外币融资情况，推荐客户适当增加贬值货币负债替代强势货币负债，降低融资成本，密切关注市场动态，必要时采取锁定操作以规避汇率风险。

第六篇

托管及养老金业务创新

封闭股票型发起式基金创新推出

创新背景

2014 年，国务院发布《国务院关于进一步促进资本市场健康发展的若干意见》，文件内容提出："推动混合所有制经济发展，完善现代企业制度和公司治理结构，提高企业竞争能力，促进资本形成和股权流转，更好地发挥资本市场优化资源配置的作用，促进创新创业、结构调整和经济社会持续健康发展。"为响应国有企业按照中央部署稳步推进深化改革进程的要求，SA 封闭股票型发起式证券投资基金的适时推出，产品顺应了国家促进资本市场健康发展的政策导向，也是推动混合所有制的创新性公募基金。

1. 良好的政策条件

证监会在广泛征求意见的基础上发布了《关于进一步推进证券经营机构创新发展的意见》（证监发〔2014〕37 号）并指出："证券经营机构创新发展总的原则是：必须坚持服务实体经济，紧紧围绕实体经济的现实需求推进业务和产品创新。""支持证券经营机构设立并购基金、夹层基金、产业基金等直投基金。证券经营机构要创新和改进资产管理业务流程，提升产品销售、产品设计、投资运作、售后服务等环节的专业水平。""符合条件的证券经营机构可以开发跨境跨市场、覆盖不同资产类别、采取多元化投资策略和差异化收费结构与收费水平的产品。"

SA 基金顺应国家促进资本市场健康发展政策导向，成为推动混合所有制的创新性产品。

2. 投资的可行性

2014 年 4 月，B 集团实施销售业务内部重组，将 31 家省级分公司及其管理的长期股权投资、销售公司、境外分公司、航空燃料公司的业务、资产和人员全部注入销售公司。截至 2013 年年底，B 集团销售业务板块拥有 B 集团品牌加油（气）站 30351 座，其中自营加油（气）站 30338 座。当年实现成品油总经销量 1.80 亿吨，其中境内成品油经销量 1.65 亿吨，市场份额超过 60%；销售公司已建成投营管道 10108 公里，拥有油库 393 座，库容 1564 万立方米。通过此次混合所有制改革融进来的资金，将主要用于三个方面：一是用于发展回报率高的地方，首先是上游液化天然气，将来需要大规模的开发；二是用于调整资本结构，目前公司负债率较高，融资调整后能让股东得到更好回报；三是用来调整产业结构，解决环保和节能减耗的问题，发展绿色产业。

基金管理人积极关注、勤勉分析并谨慎论证目标公司的发展机会，重点考量公司治理、公司行业地位、行业持续发展机会、公司业务的持续性和赢利的确定性、股票上市的流动性溢价等因素，通过股份协议转让、股票上市后二级市场交易和大宗交易等多种手段实现投资退出。

3. 技术可行性

S 基金发行过两支封闭式基金，且封闭式基金发行成立以来，系统运行一切正常，运营上具备再发行基金的条件。同时，A 银行依靠严密科学的风险管理和内部控制体系、规范的业务管理模式、先进的业务营运系统和专业的托管服务团队，构建立了国内托管银行中最丰富、最成熟的产品线，并且依托 A 银行自主建设的托管业务系统，可以为一个SA 基金此类创新产品提供个性化的托管服务。

创新要点

B 集团公司是 A 银行重点服务的公司类客户，S 基金公司也是 A 银行重点服务的机构类客户，落地分行为北京分行。2014 年年初，B 集团公司发布引资动向，A 银行上下联动营销，拜访 B 集团及 S 基金公司进行了高层间的深入探讨，商定了合作框架，并在此后的联络中随时掌握业务推进情况。由于 SA 基金未来的投资运作涉及法规的解释及托管系统的改造，营销团队加强沟通、迅速决策、高效运作，最终为 A 银行争得托管业内首单公募基金参与国有企业混合所有制改革的创新业务。

B 集团公司混合所有制改革引资方案，关联的资产管理机构及资产服务机构众多，市场影响较大。A 银行在掌握 B 集团公司引资动向后，积极联动营销、迅速决策、高效运作，为 A 银行争得托管业内首单公募基金参与国有企业混合所有制改革的创新业务，赢得良好的社会影响力，树立了 A 银行积极配合国企改革的行业形象。

创新启示

作为首支以增资方式参与我国国有企业混合所有制改革的公募基金产品，S 基金经过缜密的研究设计才得以推出的重大创新产品，基金及配套发行专户产品募集规模达 200 亿元，资金全部由 A 银行进行托管。产品的推出，使得国有企业改制的红利惠及社会大众，具有非常重要的创新性和广阔的市场前景。这支基金的成功托管离不开总行各业务条线跨部门的沟通与协作，并以总分支行联动营销为抓手，克服了流程和资源上的困难，以最快速度响应客户需求，为客户提供专业的技术支持，得以深化 A 银行与 B 集团的业务合作程度。

| 案例 27 |
"养老宝" 互联网金融创新案例

创新背景

伴随互联网主流用户群体可投资资产的增加和理财意识的逐步提升，通过互联网渠道进行理财的趋势已不可逆转。而公募基金作为无实物形态、不需物流配送、投资门槛低、流动性好的大众化理财产品，非常适宜走电商化道路，这就决定了公募基金行业必将走在互联网金融的前沿。

由于资本市场的持续低迷，在公募基金权益类产品不能整体给投资者带来赚钱效应时，固定收益类产品就会受到投资者的青睐。货币基金过去一直是作为公募基金的配角出现，但借助于互联网，2013 年，支付宝与 T 基金合作推出的 "余额宝" 横空出世，引起了市场热议，唤醒了大众的理财觉醒，投资者对现金管理提出了更高的收益性和功能性的需求，这也是居民金融资产 "去存款化" 和 "存款理财化" 渐成趋势的一个重要原因。

为探索互联网金融服务创新模式，积极应对市场竞争，C 银基金响应集团内多元化业务联动的要求，结合集团实际情况，了解到 C 银行体系内有大体量的社保金融 IC 卡客户，其社保业务、养老金代发业务比其他银行具有明显的先发优势，根据集团自身特点和 C 银基金产品和系统方面的情况，规划了相应的业务解决方案。该方案通过将银行保障卡与货币基金对接,实现客户账户的自动理财、快速取现,为客户提供便捷的理财服务。C 银行总行对该业务亦较为重视,设立由多个部门组成的项目组进行研讨。2014 年 2 月,经总行批复,同意 C 银基金与 T 分行作为试点,面向社保金融 IC 卡客户推出货币基金增值理财服务——"养老宝"。

养老宝业务是 C 银行与附属公司 C 银基金合作推出的 T+0 货币基金余额理财产品,面向 C 行保障卡持卡客户,支持货币基金主动买入、自动买入、快速卖出、普通卖出以及查询等功能,可以在手机 App、网页、网点网银体验机购买。

创新要点

1. 创新实践过程

T 分行是 C 银行最早与当地人力资源与社会保障局联合发行具有金融功能社保卡的分行之一,在当地市场份额较高,业务成熟。C 银行总行因此明确了养老宝项目前期在 T 分行进行业务试点,后期将进行全国推广以及手机客户端及互联网页面操作模式开发的合作意向。

2014 年 2 月,C 银基金首支支持 T+0 业务的互联网个人客户专属货币基金——"C 银活期宝"成功发行成立,并确定为养老宝对接产品。

2014 年 3 月,养老宝业务面向 T 社保卡客户试点。C 银基金专门为 C 银行制作了养老宝网页版客户端,加载在 T 分行网点的网银体验机中为客户提供服务。持卡客户可以在 T 分行网点内的指定设备上进行签约开户、基金申购、赎回等操作,并能够实现余额理财和赎回 T+0 到账。

2014 年 6 月,养老宝 App 完成测试投产上线,并开始在社保卡客户中推广 App。客户可随时随地通过手机移动终端实现包括主动转入、余额理财、随时取现等功能在内的现金管理功能,十分便捷。

从 2014 下半年到 2015 年,养老宝从 T 分行试点起步,陆续选取了 L、Z、G 等社保卡发卡量大、业务机进行高的分行扩大试点范围。到

2015 年年底，养老宝业务已支持社保卡、薪享卡、常青树卡、健康卡、e 社区卡等多个专项服务卡种，并已基本实现全覆盖。

从 2015 年下半年起，C 银基金开始联合总行及分行开展各类营销活动，大力推广养老宝业务。

2016 年 4 月，养老宝进一步放开人群，所有 C 银行借记卡均可进行交易。

2. 业绩效果

（1）养老宝业务带动了客户行内金融资产的增加。养老宝客户金融资产数据显示，在签约养老宝业务后该部分客户的金融资产增长率较同期自然增长率明显提高。

（2）养老宝业务带动社保卡的激活和使用。社保卡客户多为批量发卡客户。但较多社保卡是沉睡账户或无黏性客户，通过养老宝产品，可以促使客户激活并使用社保卡，吸引客户行外资金，提高客户对 C 银行的综合贡献度。

（3）养老宝对低金融资产区间的客户带动作用明显。由于养老宝 1 元起购，较理财产品门槛低很多，满足了更多客户的需求。之前在 C 银行金融资产在 5 万元以内和没有金融资产的客户，签约后的资产增幅较为明显，充分说明养老宝是满足大众客户需求、维护大众客户的有效手段，并能较大限度地带动客户行外资金流入 C 银行。

（4）养老宝成为集团多元化联动的优秀典型。通过养老宝，C 银基金与母行在互联网金融领域开始深度合作，C 银基金可借助总行庞大的客户资源和平台影响力实现资产规模的增加；反过来，总行也可借助 C 银基金的资产管理能力和绩优公募产品为客户资产配置提供更多选择，从而吸引更多的互联网用户，提升了用户黏性和信任度。

创新启示

1. 打破传统思维，顺势而为

养老宝是在利率市场化和互联网金融快速发展的大背景下，C 银基金顺势而为与总行合作推出的。传统观点认为，在实现 T + 0 快速取现功能后，由于货币基金同时具备和达到活期存款的流动性和银行理财产品的收益率，银行自身推出养老宝类业务可能对存款带来不利影响。实际上，养老宝业务开展后，低金融资产区间客户签约后存款增幅巨大，高金融资产区间客户存款略降，但金融资产增幅较大，说明养老宝对这类客户的金融资产、存款都有积极的提升作用。同时，签约前客户金融资产很低，且基本为存款，资产结构单一不稳定；签约养老宝后，客户存款得到提升，定期存款增长明显，持有养老宝的比例较大，且资产结构趋于多样化。

2. 具备竞争力的收益率是业务开展的关键因素

C 银基金具备强大的固定收益投资管理能力，公司管理货币基金规模居行业前列。并且投资经理均具有 13 年以上的投资经验，是中国债券市场中较早一批从业人员中的佼佼者，多名团队成员具有国内外知名金融机构供职的经历，市场经验丰富，心态沉稳。

3. 良好的用户体验是业务开展的基础

养老宝所对接的 C 银活期宝产品在基金合同中约定了产品需天天分红，收益按日结转且每天可见，符合互联网用户的习惯。同时，养老宝具备余额理财功能。即客户可设置卡内最小留存金额，超过该金额每日自动扣款买入养老宝。对于账户变动较多的客户来说，无须频繁操作，一次签约，一劳永逸。

4. 有效的营销推广是业务开展的助推器

C 银基金与总行联动，开展"体验养老宝"系列营销活动，引导客户设定余额理财与引导主动买入相结合，并设置迪士尼门票等社会热点相结合的奖品，吸引客户关注，同时，尝试与养老宝 App 定制线上活动，注重用户参与感。

黄金交易型开放式证券投资基金联接
基金托管业务

创新背景

1. 市场背景

在黄金交易型开放式证券投资基金（以下简称黄金ETF基金）面市前，国内投资者可以在黄金期货市场、黄金实物现货市场进行黄金投资，但证券市场上尚无投资黄金的品种。银行渠道传统的黄金投资方式有两类：一类是纯实物性质的，例如金饰、金条、黄金现货合约等，其优点是安全、放心，缺点是交易优势不足，普遍存在交易成本高、交易门槛高、交易单位不连续、流动性低等问题。另一类是纯证券性质的，例如纸黄金，其优势和劣势正与纯实物类黄金投资方式相反，交易优势充分，门槛低、成本低、交易连续方便、流动性高，但背后不对应实物，有一定风险。

此外，在非银行的黄金投资渠道并不适合中小投资者的参与。由于黄金期货和部分黄金现货品种实行保证金交易制度，对投资者的资金实力和管理能力提出了较高要求。中小投资者往往缺乏研究能力和相关行业资讯，同时风险承受能力低而又缺乏资金管理能力，因此黄金市场并不适合中小投资者广泛参与。

2. 客户概况

作为国内最早成立的基金管理公司之一，A公司创新能力突出，创造多项业内第一。2001年，公司成立了国内首支开放式证券投资基金；2002年，公司成立了国内首支开放式指数基金；2006年，公司成立了国内首支交易型开放式指数基金（ETF）以及国内首支海外投资基金（QDII）。历经10余年的发展，公司旗下产品包含主动型和被动型基金、开放式和封闭式基金、股票型、指数型、平衡型、债券型和货币型基金，本币和外币基金，产品线完善，长期投资业绩稳定。

2006年，C银行与A公司开始合作，发行了国内首支交易型开放式指数型基金，在业界及投资人中取得了较好的反响。此后，双方陆续在公募基金和专户投资托管业务领域进行了广泛深入的合作，A公司成为C行重要的合作伙伴。

3. 创新思路

黄金交易型开放式证券投资基金通过投资并持有上海黄金交易所黄金现货合约紧密跟踪黄金价格，并在证券交易所上市交易的方式，使得投资者可以像买卖股票一样买卖黄金，实现了黄金资产的证券化。

黄金交易型开放式证券投资基金联接基金（简称"联接基金"），主要是通过将不低于90%的基金资产投资于ETF跟踪国内黄金现货价格的表现，力图为我国广大银行渠道投资者提供一种产品结构清晰、交易方式熟悉、交易手续便捷、安全性高的黄金投资工具。

4. 服务方案

（1）产品立项。托管业务作为基金产品不可或缺的一环，在A公司ETF基金及联接基金立项阶段，C银行资产托管部就及时安排产品研发、运营人员全程参与产品方案的起草及业务流程的设计，并协同A公司与监管部门、上海证券交易所、上海黄金交易所等机构进行沟通交流，经过长期的筹备和细致的准备，取得了我国首批黄金ETF基金的发行许可。

（2）系统开发及流程优化。A公司ETF基金涉及证券市场、黄金期货市场和黄金实物现货市场，与传统证券投资基金存在较大差异，对交易效率也提出了较高要求，C 银行原有证券投资基金托管业务系统难以满足其运营要求。为此，C 银行针对 ETF 的黄金业务需求，设计开发了估值核算系统，对清算交收流程进行了优化改善，并与黄金交易所做好了托管运行的基础准备工作。

（3）渠道销售。A 公司 ETF 基金通过证券交易所上市发行，"联接基金"则主要通过银行渠道销售。C 银行作为托管银行和主代销渠道，在措施和资源方面与 A 公司同步配套，广泛深入地进行了投资者教育和推介工作，借助 C 银行的客户和网点的优势，全面推进"联接基金"的销售，最终该基金近九成的首发规模由 C 银行完成。

创新要点

1. A 公司 ETF

（1）A 公司 ETF 通过将黄金资产证券化并在证券交易所上市的方式，有效完善了黄金市场的功能。在原有的黄金期货市场、黄金实物现货市场的基础上，形成了新的黄金证券市场并担负起承载黄金投资需求的重任，对于维护我国金融市场稳定、增强黄金定价话语权、增加黄金储备等方面具有积极而重要的意义。

（2）证券市场天然拥有数量最为广泛、结构最为丰富的投资群体，为广大个人投资者进行资产分散、资产保值增值提供了简便、便宜的实现方式。同时，A 公司 ETF 通过在证券交易所上市的方式有效扩大了黄金市场的潜在投资群体，增加了黄金市场的投资者类别，对丰富我国黄金价格的形成机制、扩大我国投资者对黄金投资的参与程度起到了促进作用。

（3）A 公司 ETF 开辟了一种新的黄金投资工具，对现有的黄金期货、黄金现货、账户金、场外实物金等市场形成有效补充，促进各个市场间的联系与互动，对做大、做强我国黄金市场整体规模具有促进意义。

（4）A 公司 ETF 具有开放式基金的结构，是目前投资合规适用性最为广泛的黄金投资工具，极大地拓展了我国机构投资者参与黄金市场的广度与深度。

（5）A公司ETF提供了包容性与延展性良好的开放式产品平台。在交易方式上，投资者即可参与二级市场交易，也可以采用现金或黄金现货合约的方式办理申购、赎回业务。在交易效率上，二级市场交易实行T+0日内回转交易制度，在当天买入的份额在当日就可卖出，亦可现金赎回；第2天可黄金现货合约赎回；在申赎效率上，在当天申购黄金现货合约份额在当日就可卖出、可赎回；在当天赎回的黄金现货合约，所得合约在当日实时可用；在当天就可现金申购的份额在第2天可卖出、可赎回，当日现金赎回，赎回款最快第三天可用。在盈利方式上，投资者可以进行长期资产配置、日内波段操作、ETF一二级市场套利，与黄金期货的期限套利，与黄金T+D的套利、与外盘黄金市场的套利，等等。可以说A公司ETF既保证了高效的交易效率，同时也为广大合作机构与投资者提供了多种商业模式和盈利方式，为目前现有黄金市场主要参与者，如商业银行、金商、金矿开采、期货公司、证券公司、专业机构投资者等提供了进一步拓展黄金业务的空间。

2.A公司"联接基金"

（1）从产品结构看，A公司"联接基金"采用开放式基金的形式设立，与一般"联接基金"相同。

（2）从交易方式和交易手续看，A公司"联接基金"与目前普通开放式基金的交易方式相同，既可以在柜台操作也可以通过网银操作，对于广大熟悉基金的投资者而言，交易方式灵活简便。

（3）从资产的安全性看，A公司"联接基金"通过持有目标ETF而间接持有实物黄金，且黄金存放于上海黄金交易所的指定金库，财产的安全性得到充分保证。

（4）从本质上而言，A公司"联接基金"就相当于可以在银行渠道进行交易的黄金电子记账"凭证"，未来在推出"联接基金"兑换实物黄金的增值服务后，投资者既可以将"凭证"按照当时的实际黄金价格通过申购、赎回的方式进行交易，也可以凭借"凭证"办理提取实物黄金的业务。

创新启示

A 公司 ETF 被中国证监会认定为首支实现跨系统、跨监管、跨品种的重大金融创新基金，它的面世首次实现我国黄金市场与证券市场的互联互通，实现了黄金资产的证券化，有效扩大了我国黄金市场的投资群体，为广大投资者提供便捷、高效的黄金投资工具，对我国藏金于民市场战略的实施以及黄金市场发展具有重要的战略意义。

以商业银行为主代销的场外"联接基金"充分发挥以黄金实物挂钩、投资起点低的优势。因此该产品很快进入广大投资者的视野，产生良好的市场效应，为我国基金市场和黄金投资市场的繁荣发挥了积极作用。C 银行与 A 公司合作的 ETF 基金和"联接基金"净值近 50 亿元，成为亚洲规模最大的黄金 ETF 基金。

此外，A 公司 ETF 是我国金融市场"跨监管、跨系统、跨品种"的创新试点产品，其产品设计理念和业务运作模式对我国证券市场"跨系统"金融产品创新具有标志性的借鉴意义。

| 案例 29 |
养老理财产品创新

创新背景

养老理财产品，是指向对公养老金客户或潜在对公养老金客户提供的，满足其各类养老金及其自有资金投资需求的理财产品和服务。对公养老金客户主要包括基本养老、企业年金、职业年金、对公团险、薪酬福利及其他对公养老金客户。

创新要点

1. 把握市场背景

随着中国社会日渐步入老龄化时代，养老保障逐步成为全社会关注的焦点，市场对养老财富管理的需求日趋强烈，养老理财产品有着巨大的市场空间和良好的发展机遇。

为满足市场对养老资产保值增值的需求，各金融机构纷纷推出专门的养老金融理财产品。在保监会政策支持下，国内主要养老保险公司推出了养老保障管理产品和养老保险资管产品，得到了良好的社会反响。

2. 紧跟业务需求

养老理财产品在产品功能和产品投向上与现有的对公银行理财产品形成互补，兼顾开放式和封闭式产品两大创新系列，逐步形成以滚动式产品为主线、定制产品为辅助的完整产品线,以满足客户的不同需求。如滚动式产品设置了 42 天、70 天、98 天、189 天、364 天 5 个期限,客户可在每个工作日根据自身需求自由认购各期限的滚动式产品。

3. 加强渠道合作

养老理财业务在市场营销方面取得的良好效果,与渠道部门的通力合作密不可分的。渠道部门负责汇总分行与总行其他部门提出的养老理财产品的需求;牵头确定养老理财产品的销售模式、销售渠道和销售方案;负责组织养老理财产品的客户营销、销售、售后服务及其他销售管理工作。产品部门与渠道部门合作,多次对分行客户经理开展产品培训,在推介养老理财产品的同时,通过与客户经理分享市场观点,向客户经理介绍资产管理业务的成功经验,直观地向客户经理解释养老理财产品的运营模式和投资策略,显著地提升了客户经理对养老理财业务的了解,为今后的业务营销打下了坚实的基础。

创新启示

通过对创新实践案例的过程及得失进行深入分析,以下 3 个方面在创新实践中具有一定的指导意义。

1. 在渠道营销方面

(1)充分挖掘渠道力量,加大营销针对性。要充分发掘养老理财产品与现有的对公银行理财产品形成互补的优势,利用托管部及托管分中心的自有渠道,加大营销的针对性,让更多潜在客户知晓此产品的存在。

(2)做大客户基数,降低客户集中度。利用养老金客户的规模优势,做大客户基数,进一步发掘潜在养老金客户,扩大产品规模。同时,降低客户集中度,避免大客户产品集中到期造成的流动性压力。

2. 在产品设计方面

尽管养老理财业务已在各方面实现显著提升,但市场的竞争也日趋激烈。养老周期型产品在设计之初采用了 T 日到期,T + 1 日到账的模式，在实践过程中经客户反馈，此种模式在市场竞争中处于不利地位，及时与营运部门沟通并进行了调整，将产品到期日和到账日统一为 T 日，此举得到了渠道部门和客户的一致好评。客户的需求就是产品设计的初衷，在实践中始终以此为宗旨，产品设计始终贴合客户需求，走在市场前列。

3. 在投资运作方面

（1）增大交易性资产配置。适当提高交易性债券资产的配置比例，提高市场敏感度和波段性交易能力，利用波段式行情适当获取资本利得，作为对组合收益的补充。

（2）加强权益类资产监控。对于组合内的权益性资产进行定期监控，严格控制权益类资产投资比例和资产久期，适时建立风险预警和退出机制，结合资本市场行情及时调整投资策略。

| 案例 **30** |

集合信托资产托管业务创新

创新背景

　　A 信托投资公司是 B 市仅有的两家信托公司之一，经营稳健，业务规模较大，资信度较高，相对实力较强，由于在当地市场上开展集合资金信托业务时间较早，因此该公司在当地市场占有绝对优势。虽然公司总体产品发行规模不大，但在发行数量、投资回报率、客户认可度等方面始终保持领先地位。X 银行 B 市分行 C 支行与 A 信托投资公司一直保持良好的合作关系，为 X 银行及时掌握该公司的业务信息提供了良好的服务。在 A 信托投资公司准备开展集合资金信托业务的前期，C 支行就将信息及时逐级传递至总行，总行资产托管部迅速做出反应，立即派出专业团队，对分支行相关业务人员进行托管专业方面的指导帮助，结合 C 支行与 A 信托投资公司长期业务接触积累的客户相关信息，总、分、支行共同讨论制定对 A 信托投资公司集合资金信托业务的托管方案，并同分支行业务人员主动对 A 信托投资公司进行上门走访营销。与此同时，分行行长和主管副行长亲自参与托管业务的营销和协调工作，分行相关部门也积极配合协作，全行上下齐心协力推进该项新业务的开展。集合信托资产托管业务对 A 信托投资公司和 X 银行来说，都是一项新业务，双方在把握托管业务的个别问题上难免产生不一致。对此，X 银行资产托管部在保证业务操作合法、合规的基础上，充分听取各方意见，全面分析该产品操作的政策风险和客户信用度，迅速决策，解决实际问题，从而确保该行与 A 信托投资公司在较短时间内达成集合信托资产托管业务合作协议。

在 A 信托投资公司开展相关业务的准备期间，也是最需要和外部机构沟通产品规则框架的关键时期，X 银行依靠顺畅的总分行联动营销机制，第一时间与其进行了托管业务合作洽谈，从而取得了先入为主的优势地位，为今后深入开展合作打下坚实的基础。在开展业务合作之后，X 银行资产托管部针对集合资金信托业务的操作复杂性，指定专人上门为客户服务，坚持规范操作、优质服务。自 X 银行办理 A 信托投资公司第一笔证券集合资金信托计划托管业务后，一直由 X 银行全面承接该司所有的托管业务。

创新要点

X 银行与 A 信托投资公司的成功合作，客观地说，X 银行在服务人员数量配备、网点便利、网银系统速度等各方面，与其他银行相比并没有优势而言。但在总行、分行、支行协同作战相互配合之下，赢得了客户信赖，才取得成功。

1. 及时掌握市场动向和客户信息，抢得先机，争取主动

目前，在金融市场竞争日趋激烈的形势下，及时捕捉市场信息，快速反应，把握先机，争取主动，是取得成功的关键所在，与 A 信托投资公司的成功合作就是典型的案例。X 银行 B 市分行 C 支行与 A 信托投资公司的良好合作关系为 X 银行及时掌握该公司的业务信息提供了基础，从而衍生出广泛合作。X 银行资产托管部虽在托管专业服务方面具有绝对优势，但再好的产品与服务也需要强大的营销渠道去推广，必须要依托各个分行、支行来及时了解市场动态和客户业务需求，否则就会失去业务拓展的先机。

2. 认识统一，目标明确，上下联动，发挥了整体营销优势

分行行长和主管副行长亲自参与托管业务的营销和协调工作，分行相关部门也积极配合协作。在上下联动，总、分、支行共同努力下，X银行与A信托投资公司的业务合作才能得到迅速推进。

3. 全面了解客户需求，摸清情况，深入分析，正确决策

要为客户做好服务，了解客户的需求至关重要。一方面厘清客户的关注点和真实想法，与客户产生共同语言，从而增强客户对该行的信任感，客户才有可能愿意接受X银行的服务方案；另一方面只有充分了解客户需求，才有利于X银行设计出有针对性的服务方案。由于X银行C市支行在与A信托投资公司长期合作过程中，注意掌握该司的经营思路、内部管理体系、业务操作流程以及决策关键点等方面的情况，为X银行总、分行的前期讨论研究和做好准备工作创造了良好条件。

4. 坚持规范操作，确保万无一失，赢得客户信赖

由于集合信托托管业务操作手续相对比较烦琐，涉及的环节多，需传递的文件、凭证也较频繁，对及时性、准确性要求都非常严格，为此X银行指定专人上门服务，并坚持规范操作，严格执行相关管理办法和具体操作流程，确保万无一失，进一步赢得了客户信赖，巩固了X银行与A信托投资司开展托管业务合作的优势地位。

创新启示

1. 机制效率创新，助力业务长远发展

在国内银行业务服务同质性较强的大背景下，创新产品、创新服务一直是各家银行促进业务发展的重要手段。该案例告诉我们，创新必须是整体机制的创新，而非产品、服务、营销等各方面的分割创新。在创新业务发展的过程中，创新营销机制可以最大限度加快创新产品在客户群中的推广，有利于抢占市场先机，提高市场份额。本案例中，X银行专业部门对新业务的产品设置、服务方案及合规操作等方面具有较为深入的理解与专业意见，但是如果没有C支行及时准确地反馈市场信息，X银行的专业优势也无从发挥。反之，如果C支行的业务信息恪守层层上报、级级审批，业务信息就不可能及时转化为业务合作，而且还有流

失客户的风险。充分利用分、支行灵敏的营销触角，及时收集市场前沿动态，充分发挥银行专业部门优势，助力营销接触转化为业务合作，采取自下而上和自上而下的方式，使整体机制紧密结合，合力推动业务发展，这是机制的创新、效率的创新。

2. 专业高效服务是最好的营销

客户的根本需求是专业高效的服务，对于已有业务合作的客户来说，营销维护已经不再是评价客户体验好坏的唯一标准。在日常业务过程中，专业、优质、高效的服务会极大地提高客户的服务体验与忠诚度。创新业务模式因市场上缺乏先例，客户和银行对业务操作的理解与标准就不会完全相同，这种情况下，和客户的沟通一定要及时，在分歧面前要体现专业水准，最大限度争取客户理解和认同，从根本上保证客户利益，减少客户流失，从而实现银行收益的最大化。

第七篇

投资银行及咨询顾问创新

| 案例 31 |

抓住机遇重组引资

创新背景

1. 市场背景

"十二五"规划及中共中央十八届三中全会在国企改革领域要求积极发展国有资本、集体资本、非公有资本等交叉持股、相互融合的混合所有制经济，允许更多国有经济和其他所有制经济发展成为混合所有制经济。

在新一轮国企改革、发展混合所有制的大背景下，S公司率先启动混合所有制改革，在对石油产品销售业务板块现有资产、负债进行审计、评估的基础上进行重组，同时引入社会和民营资本参股，引起广泛的社会关注，成为混合所有制改革的标杆性事件。

2. 客户概况

S销售有限公司是S公司全资子公司，成立于1985年3月，现注册资本200亿元。该公司拥有完善成熟的成品油销售网络、布局合理的成品油储运设施、便利的零售网络及覆盖全国的稳定客户群体。

S公司实施销售业务内部重组，将多家分公司及其管理的长期股权投资、S公司燃料油销售有限公司、S公司（香港）有限公司、S公司（香港）航空燃油有限公司的业务、资产、人员全部注入销售公司。

销售公司主营业务分为油品和非油品两部分，其中油品业务主要包括成品油、燃料油、天然气的销售，非油品业务目前主要是便利店业务，还包括少量的汽车服务、广告等业务。

3. 客户需求

S 公司拟通过销售公司为平台，对所属油品销售业务进行重组，重组后的销售公司拟通过增资扩股的方式引入社会和民营资本。本次引资的主要目的是通过引入外部资本，推进完善现代企业制度，提高企业的竞争力和可持续发展能力，推动销售公司从油品供应商向综合服务商转型。

S 公司本次引资引入的社会和民营资本持股比例将根据市场情况确定，董事会授权董事长在社会和民营资本持有销售公司股权比例不超过30% 的情况下确定投资者、持股比例、参股条款和条件，组织实施该方案及办理相关程序。

创新要点

针对 S 销售公司的股权融资需求，A 银行研究了买方财务顾问和理财投资两套方案，撮合境外某大型金融机构成功中标并完成 100 亿元投资，同时通过 A 银行理财资金参与投资 20 亿元，实现了银行理财资金股权融资领域的重大突破。

（一）买方财务顾问方案

本项目中对 S 销售公司的投资属于真实股权投资，考虑到银行理财资金的参与难度，A 银行首先制定了纯粹买方财务顾问的参与方案。主要提供交易结构设计、股权估值、交易撮合、交易执行等专业顾问服务，不提供任何资金募集服务，不承担任何表内外信用风险。服务要点如下。

1. 多方联系投资者组建联合竞标团

A 银行投资银行部在短时间内集中财务投资者和产业投资者，以财务顾问的角色成功组织联合竞标团，财务投资者方面主要是某境外机构投资者；产业投资者方面，先后联系并根据客户需求筛选了多家行内优质客户。最终在与境外子行的共同努力下，确保 A 银行最为看重的境外机构投资者一直保持中签入围资格。

2. 设计并适时调整交易结构

由于本次引资优先考虑国内投资者，A 银行首先设计境外机构投资者借助 Z 基金 QFLP 通道入境投资的方案。但考虑到操作效率以及上市后的流通，将 QFLP 方案及时调整为 FDI 方案。

3. 对销售公司股权进行合理估值

通过现金流折现法（DCF）、股利折现法（DDM）、市盈率法（P/E）及市净率法（P/B）等多种方法进行股权估值。

4. 制定有效的竞标策略

本次的境外投资机构作为境外财务投资者，若按照 S 公司"产业投资者优先、国内投资者优先、惠及广大人民的投资者优先"的评标原则是处于劣势的。A 银行建议并成功说服其以适当估值提交报价，为最终入围奠定了重要基础。

（二）理财资金参与投资方案

除买方财务顾问方案，A 银行还通过创新性产品设计，最终实现了银行理财资金的投资。A 银行以 20 亿元理财资金通过 Z 基金子公司的资管计划投资于 S 公司销售公司股权，通过每年的分红收益以及未来退出的股权增值收益来获得投资回报。

本次引资 S 公司销售公司未做出任何回购承诺，未来退出方式为 S 公司销售公司 H 股上市后的二级市场减持退出。考虑到上市成功的不确定性以及内资股在香港实现 H 股全流通转让仍存在政策方面及资金回流的障碍，本笔业务的退出具有一定不确定性。因此，A 银行在产品设计方面做了如下尝试。

1. 寻找第三方交易对手提供信用增级并进行结构化设计

A 银行先后同复星集团、涛石基金等机构进行了多轮商洽，希望其作为第三方交易对手为 A 行理财资金退出提供信用增级和结构化安排，但最终未能达成一致。

2. 研究代销、发行专项理财或存量理财投资的可行性

A 银行投资银行部通过与资金部门反复沟通，论证了理财资金直接投资的可行性，最终确定募集资金仅限于面向符合监管要求并具备相应风险承受能力的私人银行客户、个人高净值客户（通过私人银行服务）、法人客户和机构客户发行存量无固定期限净值型理财产品或者"一对一"发行专项产品募集资金。

创新启示

A 银行投资银行部与合作单位共同以买方顾问身份，全程提供了交易结构设计、股权估值、顾问建议、交易执行等投行服务，做了大量细致工作，仅各种版本的估值报告、顾问建议和各类文本即达百余份，各类往来邮件数百份，微信和电话联系日均数十次，充分考虑到投资者的个性化需求，赢得了投资者高度认同，撮合境外机构投资者成功入资。

A 银行投资银行部作为行内牵头部门，推动银行理财资金也入围最终投资者名单，成为理财资金在非上市公司股权领域投资的重要创新。

A 银行提供的两套方案同时成功竞标，提升了 A 银行在混合所有制改革领域的品牌形象，密切了 A 银行与境外机构、S 公司的战略合作关系。在这次业务中，A 银行通过跨境联动、内外联动营销，成功引入跨境资本的境内投资，实现商业银行投行顾问业务的重要突破。

资产证券化助力绿色金融

创新背景

2014 年 9 月 16 日，A 银行作为发起人、B 信托公司（A 银行的控股子公司）作为受托机构及发行人，成功发行国内首单绿色金融信贷资产证券化产品——××绿色金融信贷资产支持证券。发行的资产支持证券总额为 34.94 亿元，分为优先 A 档、优先 B 档和次级档资产支持证券。其中优先 A 档发行金额为 27.6 亿元，评级为 AAA，加权平均期限 0.86 年，发行利率 5.10%；优先 B 档发行金额为 3.35 亿元，评级为 AA＋，加权平均期限为 2.06 年，发行利率 5.89%；次级档发行金额为 3.99 亿元。投标总额为 82.96 亿元，投标倍率达 2.5 倍，投资者认购踊跃，表明市场对绿色金融类资产具有较高的认可度。

××绿色金融信贷资产支持证券具体交易过程如下。

根据《信托合同》约定，A 银行作为发起机构将相关信贷资产委托给作为受托机构的 B 信托公司，设立××绿色金融信贷资产支持证券。受托机构将发行以信托财产为支持的资产支持证券，所得认购金额扣除发行费用的净额支付给发起机构。

受托机构向投资者发行资产支持证券，并以信托财产所产生的现金为限支付相应税收、费用支出、信托应承担的报酬及本期资产支持证券的本金和收益。本期资产支持证券分为优先档资产支持证券和次级档资产支持证券,其中优先档资产支持证券包括优先 A 档资产支持证券和优先 B 档资产支持证券。

发行人与发起机构、联席主承销商签署《承销协议》,联席主承销商再与承销团成员签署《承销团协议》,组建承销团对优先档资产支持证券和次级档资产支持证券(向发起机构定向发行的资产支持证券除外)进行销售。

A 银行作为发起机构,将严格按照《中国人民银行 中国银行业监督管理委员会公告》(〔2013〕第 21 号)规定持有各档次资产支持证券。A 银行计划持有本期各档次资产支持证券比例均为相应各档次资产支持证券发行规模的 5% 。

根据《服务合同》的约定,受托机构委托 A 银行作为贷款服务机构对信贷资产的日常回收进行管理和服务。根据《资金保管合同》的约定,受托机构委托 C 银行对信托财产产生的现金资产提供保管服务。

根据《债券发行、登记及代理兑付服务协议》的约定,受托机构委托中央国债登记结算有限责任公司对资产支持证券提供登记托管和代理兑付服务。

受托机构拟安排优先档资产支持证券在银行间债券市场上市交易;次级档资产支持证券将按照人民银行规定的方式进行流通转让。

创新要点

1. 落实国家政策,优选绿色信贷资产

首单绿色金融专项资产支持证券——××绿色金融信贷资产支持证券的成功发行,是 A 银行集团对于国务院盘活存量、用好增量指导精神的具体贯彻落实,也是 A 银行集团对于《关于金融支持经济结构调整和转型升级的指导意见》的积极践行探索。此资产证券化项目基础资产全部为 A 银行绿色金融类对公贷款,入池贷款认定严格按照《国务院关于印发"十二五"节能减排综合性工作方案通知》(国发〔2011〕26 号)、《绿色信贷指引》(银监发〔2012〕4 号)等文件执行,近 35

亿元的贷款全部投放于能效提高、新能源及可再生能源、清洁化石燃料、资源循环利用、污染防治、生态保护、节能环保产业链等领域，可实现境内每年节约标准煤36万吨，年节水量394万吨，年减少碳排放106万吨，减排量相当于11万公顷森林每年所吸收的二氧化碳。

××绿色金融信贷资产支持证券的基础资产池由38户借款人合计48笔公司贷款资产组成，均为从A银行正常类贷款中严格筛选出来的优质贷款，且全部为A银行认定的绿色金融类贷款。基础资产池由来自16家分行的公司贷款组成，基础资产均匀分布于电力、热力生产和供应业及生态保护和环境治理业等16个行业，地域分散度及行业分散度较高。

2. 盘活绿色信贷资产，助力绿色产业发展

作为银行系信托公司，B信托公司在信贷资产管理业务方面具有天然优势，一直将资产证券化业务作为战略性业务来发展。自2012年12月获得特定目的信托受托机构业务资格以来，从推动公司业务转型的高度出发，在制度建设、系统搭建、团队培养以及市场拓展方面投入了较大的人力物力，努力提高公司资产证券化业务的专业能力和服务水平，致力为发起机构提供资产遴选、产品设计、产品发行以及受托管理的全流程专业化服务。此外，B信托公司还积极探索私募证券化业务的发展，业务领域涉及融资租赁资产、企业应收账款、商业银行消费贷款等，努力为客户提供规范化、市场化的融资渠道。

B信托公司践行信托公司作为资产管理机构的本源职能，通过××绿色金融信贷资产支持证券的成功发行，使A银行释放绿色信贷规模近35亿元，该额度被重新投放到以水资源利用和保护领域为首的节能环保重点领域。

绿色行业普遍存在投资大、回收周期长的特点，而中小企业受制于资本实力和融资能力而导致业务难以开展。绿色信贷资产证券化使银行释放的信贷额度再次投放于绿色产业，为中小企业提供了有效的融资支持，助力绿色产业发展。

创新启示

绿色金融是金融机构服务绿色产业发展、促进经济结构调整的重要途径，发展绿色金融可以实现经济效益、环境效益和社会效益的多方共赢，真正体现经济金融与社会环境的和谐发展。当新常态下绿色金融逐步成为商业银行转型发展的重要方向时，A银行集团已在绿色道路上潜行渐进、精心耕耘10年，创造了多个业内第一。例如，是国内首家成立的绿色金融专营机构，并持续推进专业经营体系建设；发行国内首张低碳信用卡；在国内首推碳金融综合服务、排污权综合服务、水资源利用和保护领域综合解决方案；发行国内首单绿色信贷资产支持证券；落地境内首单绿色金融债等。

产品创新的背后，是A银行集团多年来持续不断打造绿色金融专业服务能力的坚定和执着。2009年A银行已成立绿色金融专营机构，目前已拥有近200人的国内最大的绿色金融专业队伍，在33个一级分行设立环境金融中心，实现了绿色金融业务的专业化管理。作为国内拥有金融牌照最多的商业银行之一，随着综合化和集团化进程提速，绿色金融业务现已被列为A银行集团七大核心业务群之一。如今，A银行集团在绿色金融领域的探索实践已开花结果，截至2015年年末，A银行已累计为众多节能环保企业或项目提供的绿色融资超过8000亿元，融资余额达3942亿元，比年初增加982亿元，增长33%。绿色融资客户数快速增长，达6030户，较年初新增2796户，增幅达86%，业务覆盖低碳经济、循环经济、生态经济三大领域。

| 案例 33 |

上海自贸区创新融资服务中国酒店业
最大跨境并购案

2015 年初，C 银行支持国内 J 集团完成对法国 L 酒店集团 100% 股权收购，该收购是迄今为止中国酒店行业最大跨境并购案，成为自贸区助力中国企业"走出去"的典型案例。

创新背景

1. 并购背景

J 集团是中国最大的酒店集团之一，随着中国出境旅游业的蓬勃发展，作为民族酒店品牌的 J 集团在国家开展"一带一路"建设以及国企改革推动下多年致力于"走出去"战略经营，筹划通过收购兼并快速实现国际化转型，希望在成为上海市现代商务服务业龙头企业的同时，跻身全球酒店行业前列。2014 年年末，J 集团与美国 S 资本签署股权转让协议，收购 S 资本子公司法国 L 酒店集团 100% 股权。目标公司法国 L 酒店集团是欧洲最大的酒店集团之一。

2. 交易双方主要情况

并购方 J 集团是上海具有国资背景的大型旅游酒店集团公司，控股 4 家上市公司，主要业务范畴为酒店、旅游及客运物流，资产实力雄厚、行业经验丰富，总部位于上海，拥有全品牌系列酒店，覆盖高、中、低端酒店。

目标方 L 酒店集团为欧洲领先酒店集团，在经济型与中档酒店行业拥有近 40 年的行业经验，极具竞争力，总部位于法国，经过多年整合形成六大品牌，涵盖了一星级至五星级各档次酒店，在"一带一路"沿线国家拥有重要布局。收购之前，其股东为美国最大的基金公司之一——S 资本。

3. 并购协同效应

并购方与目标方均为全球酒店行业内知名企业，J 集团收购后将酒店板块中的自有经济类与目标公司进行整合，包括品牌重组，管理平台和管理架构整合等，实现全球产业布局。同时，J 集团自有的旅游板块销售可以主推目标酒店，目标酒店的成本也较集团外采购低，产生协同效应。

整体预计将带动目标公司的营收增长，实现产业扩张。根据相关财务数据测算，收购之前目标公司的年营业收入为 4.1 亿欧元、息税折旧摊销前利润为 1.1 亿欧元，收购之后预计半年度累计营业收入能增加到 2.7 亿欧元、息税折旧摊销前利润为 0.76 亿欧元，经营趋向稳健，期望协同效应带动的营业收入及利润增长明显显现。本次并购实现了 J 集团迅速跻身全球顶级酒店集团行列的战略目标。

4. 营销和叙做过程

L 酒店集团的母公司 S 资本在市场上公布出售意向后，全球共计 60 余家企业参与收购竞争，首轮筛选仅剩 6 家，但此时 J 集团并未参加。J 集团是 C 银行多年重点营销企业之一，持续关注 J 集团对该项目的兴趣并针对其意向收购及时给予相应的咨询服务及资金支持，为增加其谈判筹码，C 银行通过自贸区金融创新授信业务提供给 J 集团高额保证金，助力其以黑马之势"半路杀入"，凭借合理的出价以及高额保证金，与 S 资本单独直接进入实质性股权转让合同谈判，并一举夺得 L 酒店集团收购权。该授信合作得到 J 集团的充分肯定，为跨境并购贷款合作奠定了坚实基础，也使 C 银行上海市分行一跃成为 J 集团核心合作伙伴之一。

创新要点

本案例涉及的融资复杂性与创新性以及境内外高效联动合作的成功对后续跨境并购业务具有一定的借鉴意义。

1. 境内存款保证金质押，缓释并购融资风险

J集团主要收入为人民币，而本次收购以欧元计价，为规避汇率风险，J集团申请收购对价全额融资、银团贷款币种为欧元。为了缓释部分银团风险且根据境内并购贷款管理要求，境内企业跨境并购自有资金出资比例不得少于并购总金额的40%，基于实质重于形式的原则，C银行建议银团要求J集团将不少于40%的自有资金以现金形式质押在境内银行，在满足监管规定的前提下实现汇率风险的规避。最终J集团将50%自有资金出资部分的现金质押在境内银行，以获取境外借款人的全额融资，既满足借款人要求，又带动大额存款。

2. 创新分组银团设计成就项目

J集团为多家银行重点营销对象，本次跨境并购银团同业竞争十分激励，包含中外资多家主流商业银行。由于境内外同业对贷款条件要求诸多不同，经过多番商榷后银团最终决定将贷款分为A、B两组，A组为境内银行安排内保外贷、B组为境外银行海外直贷。该形式的银团满足了J集团与所有参贷行的融资安排需求。C银行整体方案的出台最终促成了本次酒店业海外并购大单，进一步体现出在跨境并购融资领域的专业形象。

3. 海内外高效联动，获得客户认可

在本次跨境并购过程中，J集团通过自贸区设立的一家特殊项目载体（SPV）作为A公司和设于交易对手所在地卢森堡的一家特殊项目载体（SPV）作为B公司的结构来最终持有目标公司L酒店集团100%股权。J集团需要筹组银团总金额为××亿欧元，市场多家中外资主流银行准备参贷。C银行充分发挥全球资源优势，设计合理高效的融资架构，共同参贷××亿欧元，成功获得该笔银团的核心参贷银行地位，同

时为未来对 J 集团的全面营销做出重要布局。

创新启示

1. 创新成果

（1）可观的综合收益。本笔跨境并购使 C 银行获得了可观的中间业务收益。此外，J 集团存放的自有资金现金质押为 C 银行带动××亿元的人民币定期存款。并购贷款亦促成 C 银行与 J 集团的全面合作，密切的银企合作关系为后续营销打开新局面。

（2）良好社会效应。本次收购对中国酒店业进军国际酒店市场具有重要的里程碑意义，在业内具有重要影响，也是迄今为止中国酒店行业最大跨境并购案，C 银行与 J 集团的合作，是金融支持国企改革、民族品牌"走出去"的成功典范，是支持实体经济发展的战略体现，同时也使得 C 银行在并购融资领域及酒店行业的专业形象凸显。

2. 创新经验

（1）合理运用自贸区政策，提供高效便捷服务。J 集团在收购交易结构与融资结构中均通过在自贸区设立 SPV 公司完成，该安排源于自贸区政策改革及金融创新。自 2013 年 9 月上海自贸区成立，境内企业对外投资由商委审批改为自贸区管委会备案，备案手续便捷，C 银行解析该政策到位，自贸区金融创新为 J 集团并购融资方案设计提供新思路，在瞬息万变的跨国收购过程中助力境内企业迅速行动，取得重要优势。本次 J 集团即通过 A 公司在该项政策支持下从 C 银行获得开立逾××亿欧元自贸区分账核算单元融资性担保函。自贸区分账核算单元是自贸区金融创新的一大特色业务，通过自贸区分账核算单元开立融资性担保函，在成功拓展自贸区分账核算单元业务份额的同时，也进一步提升自贸区业务的专业性及知名度。

（2）熟悉国际市场规则，促成同业合作。C 银行在跨境并购贷款及银团贷款业务领域经验丰富，熟悉国际市场并购交易规则、银团筹组模式，在本项目中通过贷款分组满足了中外资银团参与银行的需求，促成国际同业合作。

（3）利用全球资源优势，描绘合作蓝图。在融资安排过程中，"一点接入，全球响应"，C银行的高效合作、专业态度获得J集团的肯定，彰显C银行良好的品牌形象，利用全球资源优势为未来银企合作描绘了广阔蓝图。

| 案例 34 |

境外企业融资新宠

——市场首单熊猫债发行

创新背景

A 企业是大型央企境外全资子公司，资产规模超 5000 亿元，业务范围遍及港口、物流、证券、修造船及海洋工程技术等多个领域，尤其在港口行业地位突出，是中国最大、世界领先的公共港口营运商。多年来，C 银行经过总分支行的共同努力，与 A 企业及其所在集团和其下属各公司建立起了紧密的战略合作关系，在多项创新业务上均有成功尝试。

交易商协会关于境外非金融机构发行熊猫债的政策出台后，C 银行抓紧时机，第一时间向 A 企业进行熊猫债券的营销。由于此笔业务为全国首单，意义重大，且与客户合作的其他金融机构较多，因此同业竞争十分激烈。最终 C 银行凭借高效及专业的工作态度赢得了客户的认可，在激烈的同业竞争中胜出；在协会审批阶段，C 银行投资银行部与交易商协会国际部密切沟通，对问题及时给予反馈，最终使得全国首单熊猫债成功落地。

2015 年 11 月 2 日，A 公司 5 亿元短期融资券成功在银行间市场公开发行，成为境外非金融企业在银行间市场首单公开发行的熊猫债（见表 3）。募集资金拟全部用于补充公司下属子公司的流动资金。

表 3　债券发行基本信息

发行人	发行币种	发行方式	注册地	首期规模	首期期限	注册规模	主体评级	债项评级
A 公司	人民币	公开发行	香港	5 亿元	1 年	30 亿元	AAA	A－1

注：本期发行利率为 3.03%，为当期发行 AAA 评级的短期融资券中的最低利率。

创新要点

过去十年，我国熊猫债市场发展缓慢，如今在积极推动人民币国际化的背景下，加上境内外人民币息差明显压缩，各种有利于熊猫债发行的条件具备，预计熊猫债发行速度将会伴随人民币国际化的进程不断加快。同时，熊猫债的发行将有助于构建多元化和流动性充裕的在岸人民币债券市场，进一步推动我国债券市场的对外开放，提高我国与国外资本和国外经济的交流，从而加速人民币国际化进程。

熊猫债也称境外非金融企业人民币债务融资工具，是中国资本市场对境外非金融机构开放发行的债务融资工具，由中国银行间市场交易商协会进行自律管理，在中国银行间市场发行和流通，主要具有以下特点。一是企业可根据需求自行选择发行短融、中票、超短等不同品种的非金融企业债务融资工具。二是募集资金可用于境内或汇出境外使用。三是企业可根据需求自行选择公开或非公开定向发行方式。四是目前银行间市场交易商协会优先受理国内评级机构评定为较高级别（暂时只受理 AAA）的优质企业项目。五是发行债券类型不做具体限制，理论上可注册非金融企业债务融资工具的所有品种。六是行业不做具体限制，房地产行业参考普通的债务融资工具。

熊猫债券的设计是为了解决境外企业的境内融资需求，针对企业而言，它具有以下几点优势。一是境内宽松的货币预期持续，债市整体收益率下行，熊猫债可帮助企业降低融资成本。二是在境内资本市场亮相，有助于提升公司在境内的知名度，为将来进一步拓宽直接融资渠道奠定基础。三是募集资金使用灵活，在合法合规的情况下可汇出境外，也可用于境内，且使用限制还在进一步地放开中。四是融资产品丰富，公司可根据自身需求，尝试银行间市场多种不同期限的债券品种，例如永续债、超短期融资券等。五是对 AAA 的高评级企业，熊猫债融资成本更低，一般而言，较同期银行贷款利率可低至20%。且规模更大，使用更灵活，在两年注册有效期内可择机发行。

与境内发行的普通债券相比，熊猫债主要是为境外发行人设计的产品，它与普通债券的主要区别见表4。

表4 熊猫债券与普通债券的主要区别

区别项	熊猫债券	普通债券
主体评级	需双评级，其中一家必须是国内的评级公司，另一家可以是海外或者国内的评级公司	一家评级公司
会计准则	如公募发行需编制内地或香港准则的报表，私募发行认可所在国的会计准则	内地会计准则
律师意见	需要国内和境外律师同时出具相关文件	国内律师事务所出具相关法律意见
发债额度计算方式	发债额度可参考短券、中票的额度原则，需扣除子公司国内发债额度和海外发债的额度	AAA 的评级企业短期融资券、中期票据和永续债各占净资产40%，其他品种按需注册
信息披露方式	香港上市公司不强制披露季报，其他企业采用一事一议的政策	4 月30 日、8 月31 日等关键时间点披露年报或季报
债券承销流程	银行内流程具体参考 C 银行债券承销业务工作手册，银行外流程除了常规环节之外，交易商协会国际组将参与审核流程	常规流程

创新启示

此笔熊猫债是市场首单熊猫债，具有重要意义。它的成功发行对 C 银行主要有以下五点启示。

1. 快速反应、精准营销

对于 A 企业所在的大型集团，境内外子公司较多，需求非常多元化。营销人员应时刻关注最新的市场动向，一旦发现新兴产品与企业需求存在契合点，应主动出击，快速而精准地进行营销，优先于竞争对手为客户提供方案，占领高地。

2. 资源整合、高效工作

C 银行各部门均具有高度的专业性，为保证项目高效率的推动，应加强各部门沟通，共同努力，全方位为客户提供专业的全流程服务方案。

3. 统一窗口、有效沟通

由于熊猫债产品的特殊性与创新性，为保障项目的顺利运行，应确定统一的沟通窗口，项目初期应事先与 C 银行投资银行部联系，且由投资银行部与交易商协会国际部进行统一对接，有效沟通。

4. 把握时机、持续跟进

近期境内债券市场行情较好，应把握当下良好的发行时机，积极开展熊猫债券的营销业务，为客户降低融资成本。

熊猫债为交易商协会新推出的创新产品，境外企业均为首次注册，因此发行人对于此项产品的考虑时间较长，作为主承销商，应做好长期持续跟踪的准备，对发行人提出的疑问和顾虑应第一时间做出反馈，保障项目的顺利推动。

5. 轻车前行、勇攀高峰

债券承销业务作为承担战略转型重任的轻资产业务，一直是 C 银行的传统强项，在同业内保持领先地位。在承销金额和收入逐年攀升的同时，持续创新、引领市场是其不断追求的目标。此次熊猫债的成功发行正值"双降"，宣告利率市场化时代的到来，势必掀起新一轮债券发行承销的高潮。

| 案例 35 |

注册制下首单个人住房抵押贷款
资产证券化项目

创新背景

为深化金融改革创新，盘活存量资金，更好支持实体经济发展，2014年以来，党中央、国务院要求加快发展信贷资产证券化。人民银行、银监会等有关监管部门积极落实国家政策精神推动信贷资产证券化规范化、常态化。中国人民银行发布《信贷资产支持证券发行管理有关事宜》（中国人民银行公告〔2015〕第7号），简化信贷资产证券化管理流程，明确对符合一定条件的机构可申请一次注册、自主分期发行，进一步夯实了信贷资产证券化市场规范化、常态化发展的制度基础。2015年5月13日，国务院常务会议决定，新增5000亿元信贷资产证券化试点规模，同时要求继续完善制度、简化程序，鼓励一次注册、自主分期发行，规范信息披露，为我国信贷资产证券化继续发展指明了方向。

在中国人民银行注册制推出后，M商业银行按照注册制监管新要求积极准备，与B国有大银行共同成为首批获准发行个人住房抵押贷款资产支持证券（RMBS）的两家机构，M商业银行注册规模为100亿元。获得注册许可后，M商业银行迅速反应，高效运作，于2015年7月15日在银行间市场成功发行了首期RMBS项目，发行总金额7.8亿元，成为注册制下市场第一单正式发行的 RMBS 项目，对 M 商业银行及整个资产证券化市场的影响意义深远。

创新要点

基于个人住房抵押贷款资产期限长、利率较低的特点，本期资产支持证券在寻找投资者方面面临挑战，M 商业银行通过分层设计、入池资产标准设计、信用触发机制等结构化金融手段，实现了本期项目以较低的市场价格成功发行。

1. 交易结构与操作流程

图 2 为本期资产支持证券发行的基本交易结构，其中实线表示各方之间的法律关系，虚线表示现金流的划转。具体交易过程如图 2 所示。

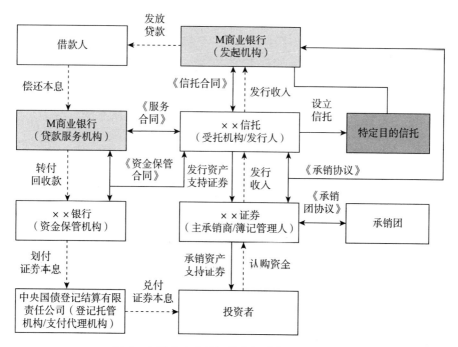

图 2 本期资产支持证券发行的基本交易结构

（1）M 商业银行作为发起机构将相关信贷资产委托给作为受托人的××信托设立 QF 2015 年第一期个人住房抵押贷款证券化信托。受托人将发行以信托财产为支持的资产支持证券，将所得认购金额扣除承销报酬和发行费用的净额支付给发起机构。

（2）受托人向投资者发行资产支持证券，并以信托财产所产生的现金支付相应税收、信托费用及本期资产支持证券的本金和收益。本期资产支持证券分为优先级资产支持证券和次级资产支持证券，其中优先级资产支持证券包括优先 A 级资产支持证券和优先 B 级资产支持证券。

（3）发行人与发起机构、主承销商签署《承销协议》，主承销商再与承销团成员签署《承销团协议》，组建承销团对资产支持证券以簿记建档、集中配售的方式进行公开发行。

（4）M 商业银行作为发起机构，将严格按照《关于进一步扩大信贷资产证券化试点有关事项的通知》（银发〔2012〕127 号）以及《中国人民银行　中国银行业监督管理委员会公告》（〔2013〕21 号）等关于规范信贷资产证券化发起机构风险自留比例的文件要求，持有一部分本期资产支持证券，初步计划自持全部次级证券，持有比例不低于本期资产支持证券发行规模的 5%，持有期限不低于本期次级资产支持证券的存续期限。

（5）根据《服务合同》的约定，受托人委托 M 商业银行作为贷款服务机构对信贷资产的日常回收进行管理和服务。

（6）根据《资金保管合同》的约定，受托人委托 M 商业银行对信托财产产生的现金资产提供保管服务。

（7）根据《债券发行、登记及代理兑付服务协议》的约定，受托人委托中央国债登记结算有限责任公司（以下简称"中债登"）对资产支持证券提供登记托管和代理兑付服务。

（8）受托人拟安排优先级资产支持证券在银行间债券市场上市交易。

2. 风险分析与控制方式

总的来说，基础资产选择的是优质安全的住房贷款，交易机构在设计上采取了严格控制风险的设置。

（1）分层设计。优先 A 级证券获得优先 B 级证券和次级证券合计提供的 14.05% 的信用支持；优先 B 级证券获得次级证券提供的 5.07% 的信用支持。

（2）房屋抵押担保。基础资产为优质的个人住房抵押贷款，所有入池贷款均由房屋抵押担保，加权平均初始抵押率为 41.87%；考虑入池贷款自发放以来的本金分期摊还，以及房屋价格上涨因素，安全边际更高。

（3）资产集中度分散。资产池合计共 1908 笔抵押贷款，单笔单户最大未偿本金余额为 290.56 万元，占比仅为 0.37%；贷款分散度很高，显著降低了单笔贷款违约带来的风险，且分散在 41 个城市，地域分散度高。

（4）稳健的交易结构。在优先级证券本金被全额偿付之前，不对次级证券进行任何本金或利息的支付。

（5）清仓回购设置。资产池本金余额下降至初始起算日余额的 10% 或以下后，M 商业银行可对剩余资产池执行清仓回购；清仓回购价格不低于 "A + B" 之和，A 为优先级证券未偿本金余额，B 为 0 或次级证券未偿本金余额减去累计净损失差值的较高部分；M 商业银行执行清仓回购，将使得优先级证券的未偿本金余额及剩余应付利息得到一次性清偿。

（6）信用触发机制。设置信用触发机制，以在发生不利于优先级证券本息兑付的信用事件时，采用正常支付顺序之外的现金流偿付顺序，提高对优先级证券的保护。

（7）设置严格的资产入池标准。例如，关于抵押贷款初始抵押率不超过 70%，且在初始抵押率的计算中，评估价值取购房合同约定价格与房产评估价值两者孰低；抵押贷款已由房产抵押担保，且已在房地产登记机关以 M 商业银行作为第一顺位抵押权人办理抵押登记手续。

（8）筛选高质量的入池资产。抵押贷款在初始起算日均为正常类贷款，无逾期情况；加权初始抵押率仅为 41.87%，考虑本金摊还和房价上涨因素，当前实际抵押率更低；借款人加权平均年龄约为 41.78 岁，处于还款能力强的阶段；入池贷款 92% 以上均来自于一、二线城市，单笔贷款平均本金余额仅为 40.86 万元，相对当地房屋价格处于较低水平。

创新启示

本产品以 M 商业银行相对缺乏流动性的长期按揭贷款作为基础资产，可以进一步优化 M 商业银行大零售业务板块的资产结构，更是对"表内＋表外"消费信贷业务发展新路径的积极探索。在注册制背景下，积极开展证券化业务，可以帮助 M 商业银行解决资本与规模的约束，抓住优质客户和优质资产，实现全行资产流转交易机制生成与提速，资产证券化对 M 商业银行打造"轻资产银行"战略具有重大意义。

| 案例 36 |

创新信贷资产证券化

——信贷资产支持证券

创新背景

为加快资产流转，缓解资本压力，H 银行发起"龙元 2015 年第一期信贷资产证券化信托资产支持证券"（以下简称"龙元证券"）在全国银行间债券市场顺利完成发行。龙元证券发行规模 29.432 亿元，分为优先 A 档、优先 B 档和次级档，优先 A 档和优先 B 档属于优先档资产支持证券，代表信托中的优先级信托受益权，其分配优先于次级信托受益权的权益；次级档代表信托项下次级信托受益权，其分配次于优先级信托受益权的权益。

1. 龙元证券交易结构

图 3 反映的是信贷资产证券化信托资产支持证券构架。

2. 龙元证券主要情况

龙元证券采用优先级/次级结构，优先 A 档证券可获得由优先 B 档证券和次级档证券提供的相当于资产池贷款余额 17.78% 的信用支持，优先 B 档证券可获得由次级档证券提供的相当于资产池贷款余额 12.10% 的信用支持（见表 5）。

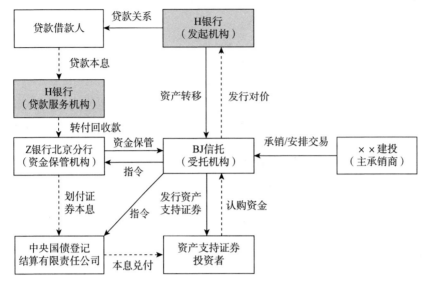

图 3　信贷资产证券化信托资产支持证券构架

表 5　龙元证券产品基本情况

级别	中债评级	中诚信评级	发行额（万元）	占比（%）	利率	加权期限（年）	预计到期日	法定到期日
优先A档	AAA	AAA	242000	82.22	浮动	0.49	2017 年 1 月 26 日	2019 年 11 月 17 日
优先B档	AA	AA+	16700	5.67	浮动	1.40	2017 年 4 月 26 日	2019 年 11 月 17 日
次级档	无评级	无评级	35620	12.10	—	1.49	2018 年 1 月 26 日	2019 年 11 月 17 日
合计	—	—	294320	100	—	—	—	—

3. 龙元证券信用增级方式

信用增级在资产池资产质量恶化时起到保护投资者的作用，本期证券主要采用内部信用增级方式。

（1）超额利息收入。在龙元证券结构中，根据支付优先顺序，从"资产池"取得的利息收入将首先用于支付税费、第三方机构报酬和"资产支持证券"的利息（包括"次级档资产支持证券"的期间收益）。在此之后，任何超额的利息收入将用于支付"资产支持证券"的本金。超额利息收入主要是由于"资产池"的利率水平高于"资产支持证券"的利率水平造成的。这样使用超额利息收入可以加速"资产支持证券"本金的偿还速度，同时在一定程度上保护了投资者由"资产池"资产违约而带来的风险。

（2）优先/次级档结构设计。本"信托"项下的"资产支持证券"分为"优先 A 档资产支持证券""优先 B 档资产支持证券""次级档资产支持证券"。

从"资产池"回收的资金将会按照事先约定的现金流支付顺序支付，排序在现金流支付顺序最后面的证券档将承担最初的损失。所以在现金流支付顺序中，排名在后的证券就向高级别的证券提供了信用增级。

具体来说，"次级档资产支持证券"是"优先 A 档资产支持证券"和"优先 B 档资产支持证券"的信用增级；"优先 B 档资产支持证券"是"优先 A 档资产支持证券"的信用增级。

（3）信用触发机制。本期交易设置了两类信用触发机制：同参与机构履约能力相关的"加速清偿事件"以及同"资产支持证券"兑付相关的"违约事件"，信用事件一旦触发将引致基础资产现金流支付机制的重新安排。

4. 资产池相关情况

龙元证券的资产池涉及 34 名借款人的 40 笔贷款，全部信贷资产均为正常类贷款。入池贷款类型为保证类和信用类，不含抵押质押类贷款。截至 2015 年 3 月 26 日，全部未偿债权本金总额为 29.432 亿元（见表 6）。

表 6　龙元证券资产池基本情况

基本情况	数　值
资产池未偿本金金额（万元）	294320.00
贷款笔数（笔）	40
借款人户数（户）	34

基本情况	数　值
单笔贷款最高本金余额（万元）	19200.00
单笔贷款平均本金余额（万元）	7358.00
合同总金额（万元）	313600.00
单笔贷款最高合同金额（万元）	20000.00
单笔贷款平均合同金额（万元）	7840.00
加权平均贷款年利率（%）	6.04
当前执行单笔贷款最高年利率（%）	7.80
加权平均贷款合同期限（年）	2.07
加权平均存续期限（年）	0.90
加权平均贷款剩余期限（年）	1.17

创新要点

基于合理的结构设计、顺畅的市场沟通，本期证券发行获得投资者的充分认可，多家同业机构参与投资，平均认购倍数约 1.8 倍。根据簿记建档结果，优先 A 档和优先 B 档票面利率最终确定为 3.20% 和 4.00%。本期证券主要特点及优势有以下几点。

1. 入池贷款加权平均信用水平较高

入池资产中借款人加权信用等级为"BBB +/BBB"，有 23 笔贷款为担保贷款，贷款余额占比为 52.39%，其中保证人信用级别高于借款人的为 18 笔，贷款余额占比为 40.47%，考虑保证人担保增信后，入池贷款的加权平均信用等级为"A +/A"，且信用等级在 A +（含）及以上的贷款余额占比为 70.95%。

2. 部分利息回收款为证券提供了一定的信用支持

本期证券初始起算日为 2015 年 3 月 26 日，信托设立日为 2015 年 11 月 10 日，期间将获得约 7 个半月的利息回收款，在正常情况下，可对证券本息偿付提供一定支持。

3. 优先级/次级的内部信用增级措施为优先级资产支持证券提供了良好的信用支持

优先A档证券可获得由优先B档证券和次级档证券提供的相当于资产池贷款余额17.78%的信用支持，优先B档证券可获得由次级档证券提供的相当于资产池贷款余额12.10%的信用支持。

4. 龙元证券信用触发机制较为完备，降低了抵消/混同风险

龙元证券设置了加速清偿事件、违约事件等信用触发机制，为优先级证券的偿付提供了保障；其抵销处理条款将抵消风险转化为发起机构的违约风险，且发起机构主体信用水平很高，抵消风险很低。另外，还设置了个别通知事件，并根据贷款服务机构的信用等级来确定回收款转付频率，考虑到贷款服务机构主体信用水平很高，混同风险很低。

创新启示

信贷资产证券化业务的持续开展对X行盘活存量、调整结构、提高服务客户和实体经济能力发挥了积极的作用。

1. 严格按照监管政策要求开展信贷资产证券化业务

从业务需求发起、中介机构选聘、尽职调查、产品设计、申报文件准备、报批发行以及后续管理等各主要环节明确职责分工，制定风险控制措施。

2. 加强资产管理

作为贷款服务机构，以严于自营资产的标准管理入池资产，严格按照合同要求实施存续期管理服务。

3. 有效规避风险

将信贷资产证券化业务纳入X银行现行风险管理与内部控制体系，全面管理信用、市场、操作、流动性和声誉等各类风险。

第八篇

理财业务创新

案例 37

理财资金投资产业基金实现创新突破

创新背景

近年来，在国家产业升级、政府债务结构调整、"一带一路"等战略布局的大背景下，国内产业基金不断涌现。

1. 国家鼓励发展先进制造业，力推产业升级

在工业 4.0 产业升级，《中国制造 2025》蓝图规划指引下，包括新一代信息技术、高档数控机床和机器人、航空航天装备、海洋工程装备及高技术船舶、先进轨道交通装备、节能与新能源汽车、新材料、生物医药及高性能医疗器械、农业机械装备在内的高端制造业正受到前所未有的重视，政府亟须鼓励新兴产业的发展。

2. "一带一路"倡议和区域发展战略推动了产业基金的兴起

我国政府提出了"一带一路"倡议，以期推动我国富裕产能"走出去"，并促进国内沿线区域的协同发展。此外，国家提出了京津冀协同发展、长江经济带建设等区域发展规划，涉及区域也提出通过组建产业基金来加强区域产业集群和区域协同发展。

3. 经济转型期政府主导产业"稳增长""调结构"

近年来，我国经济增速持续回落，为避免经济大幅下滑，在民间投资不旺情况下，国家发改委加快了项目审批的节奏。同时，中央政府大力推广 PPP（公私合营模式）以承接原先的平台融资模式，在水利设施、市政设施、交通设施、污水处理等领域有广阔的应用空间，各地的 PPP 基金应运而生。

产业基金已经成为地方政府以创新方式获取融资、化解政府债务、促进产业发展、大型企业集团创新融资方式十分重要的工具和手段，也成为商业银行营销和维护客户关系的重要纽带。在此背景下，G 银行充分研究客户需求，与客户紧密沟通设计产业基金投资方案，方案既要满足客户的融资需要，又要满足本行的风险防控要求。

创新要点

桥隧 PPP 项目是 A 市政府批复的首个 PPP 项目，也是商业银行与市政府签约的重点项目，项目总投资约 55 亿元，大桥与隧道连接江北区、南区，是市规划的重要交通主干线，项目建成通车后将有利于缓解当前市主要城区的交通拥堵压力，具有较高的社会价值与示范意义。在交易结构设计中，由商业银行理财资金通过投入资管计划作为 PPP 产业基金的有限合伙人（LP），出资不超过 8 亿元，期限不超过 10 年，固定收益为 7.4%/年，通过资管计划份额实现退出，最终还款来源为纳入市财政预算的项目公司桥隧"影子通行费"。

为进一步提高项目退出的安全性，商业银行经与客户充分沟通，设定了以下风控措施。一是资产公司为受让义务提供担保，二是城投、项目公司、PPP 基金在商业银行开立监管账户，三是项目特许经营权及影子通行费收费权为受让义务提供质押，四是 PPP 基金、施工单位分别以其持有的项目公司股权为受让义务提供质押。

创新启示

1. 坚持金融服务支持实体经济发展，金融创新符合国家政策方针指引

在 2012 年，产业基金还未成为市场主流投资模式的时候，G 银行

资产管理部、公司部和分行在获取项目信息后，第一时间即与集团公司进行谈判，全面了解客户需求，并创新投资模式，为客户量身设计交易方案，理财资金首次尝试投资长期限产业基金，受到客户的高度认可。PPP 成为本届政府最为推崇的政府融资方式后，G 银行立即开展研究，并设计能够实现各方共赢的交易结构，PPP 项目成为首个实施落地的项目，开辟了商业银行服务实体经济的新路径。

2. 在业务推动和营销过程中，保持沟通，坚持原则，密切配合

产业基金业务新、交易结构复杂，需要 G 银行总分行相关部门密切配合，充分研究论证，联动营销客户，才能取得理想效果。而在与客户沟通过程中，为保障理财资金安全，在基金项目中，G 银行从始至终坚持集团公司必须为理财资金提供明确退出安排。经过多轮沟通，各层级反馈，最终集团公司同意了兜底条款，使理财资金获得可观的保底收益。在 PPP 产业基金项目中，除政府财政作为还款来源外，G 银行也要求项目实施方、基金劣后方提供增信担保措施，进一步降低了理财投资风险。

3. 产业基金投资要和商业银行中间业务形成有效联动

在 PPP 基金项目中，商业银行理财投资后，有效带动了存款、托管、结算、投行等综合性业务机会。以基金项目为例，每年产生的直接经济效益（包括项目推荐费、投资顾问费、投资管理费、产品销售费、托管费等）达到了将近 4 亿元，还在投资实施当年年底为商业银行增加存款 200 多亿元，全年为商业银行增加日均存款超过 30 亿元。

| 案例 38 |
营销专户资管产品案例

创新背景

××公司是一家专门从事铁皮石斛栽培、研发、生产、营销的高新技术企业，公司生产的铁皮枫斗晶在市场上供不应求，享誉海内外。由于公司效益极好，现金流十分充足，因此 Y 银行将其列为重点目标客户，去年 Y 银行经过多次拜访沟通，成功使该公司在本行开户。

由于该公司对理财收益要求较高，而 Y 银行理财产品收益低于其他银行，因此虽然该公司在 Y 银行开立账户，但留存资金较少，没有深入开展合作，但 Y 银行仍与该公司保持密切的日常联系和营销。

2016 年初，Y 银行获悉××公司在他行的大额理财产品即将到期，此时正是营销的最佳时点。经内部分析讨论，本行常规理财产品收益率无法满足客户需求，建议向客户推荐专户资产管理计划，以投资稳健、收益率较高等特点为切入点。

专户资管产品特点基本契合××公司需求，客户对该产品也表示出较大兴趣。但专户资管产品为非保本型产品，不向客户承诺本金保证和最低收益，客户投资偏好又极为保守，对产品的风险存在一定的顾虑。

为打消客户顾虑，Y 银行特地邀请总行资管部专家，总行、省分行、支行、营业部四级联动，共同拜访客户进行面谈。重点向客户阐明了 Y 银行专户资管业务的投资策略、历史业绩、专业团队，并将按照安全垫高低控制风险头寸的仓位水平，以债券等固定/类固定收益资产为主要投向，在累计一定安全垫的基础上，择时配以股权类、非标类资产以博取更高收益，详细解答客户的各种疑问，消除客户的疑虑。最终取得了客户的信任，客户当场表示在 Y 银行办理专户资管的意愿，之后双方针对专户资管协议又进行了多次的讨论和修改，最终××公司与 Y 银行签订专户资管协议，并将他行到期理财资金转入 Y 银行认购 n 亿元专户资管计划。

创新要点

随着各银行常规理财产品收益率不断下滑，Y 银行重点推进专户资管业务并取得了较大突破。目前已新落地 5 户专户资管计划，金额达 49 亿元，均为行外资金，预期每年将带来投行收入约 2000 万元，进一步加强了与客户合作的深度。

这些营销成果主要是得到了总行专户资管团队的大力支持，在整个专户理财定制的过程中，从报价、合同修改、产品审批等各个流程到效率、业绩基准等都体现了专户理财产品的市场竞争力。

1. 差异化营销专户理财计划

在推介专户理财计划的过程中，要注意专户理财和定制理财产品的差异，具体体现在：一是期限，比如专户是一年起，比定制理财的期限长；二是收益率，这是专户的业绩基准；三是起点金额，对专户要求 5 亿元起，比定制理财更高；四是合同，定制理财是制式合同，专户的合同需要和客户谈判，在投资标的、收益分配等条款都需要和客户确定清楚。

2. 营销的过程

（1）筛选目标客户。比如浙江地区的主要目标客户是辖内的大型国企和民营企业，特别是那些平时就定制大额理财、现金流特别充沛的客户，还有就是他行的大户。其中，存量客户的二次营销比较重要，客户一旦买过专户理财，对专户的接受度就会比较高。

（2）合同条款的谈判，这是营销过程中最难搞定的部分。因为专户理财的金额大、非保本、期限长，在向客户营销的过程中，要和客户仔细解释和确定合同上的投资范围、收益分成方式等条款，客户会提出各种异议。比如，在营销一个保健品行业的客户时，客户邀请了中信证券的专家和银行谈判，在投资标的、投资方式、业绩基准、认购赎回方式上前后谈了三次，其中一次 Y 银行还邀请了总行直接和客户进行谈判，虽然谈得比较艰辛，但最终终于敲定了合同内容，产品也顺利起息。

（3）定期通报产品净值报告。给客户提供产品净值报告，一方面由于产品时间比较久，通过净值报告可以使客户及时了解到产品的运行情况；另一方面也是再次营销的机会。

（4）产品起息的准备。专户理财在购买上与一般的定制产品是一样的，都是通过系统购买，需要协调好额度发放和客户购买时间。

推广专户理财计划最重要的就是沟通协调，一是在营销过程中碰到问题要及时取得总行的支持；二是与客户协调专户理财的合同内容；三是抓住重点客户，新客户的拓展和老客户的二次营销并重。

创新启示

1. 提高营销人员的营销意识

营销素质的提高重点在于培养营销人员的营销意识。营销机遇无处不在，营销人员要会运用各种数据分析，做到足不出户就可以获取营销信息。

2. 熟悉自己的产品

银行营销人员一定要了解自己的产品，同时还要了解客户的需求，为客户去解决其想解决的问题，有针对性地进行营销。

3. 加强技术指导，搞好后续跟踪服务

专户资管业务要每季度向客户公布净值，因此支行要把握住这个净值公布的契机，一方面让客户对产品收益有更加直观的了解，另一方面可以以净值为契机，引导客户再次购买本行的产品。

| 案例 39 |

创新对冲基金组合投资理财产品

创新背景

为进一步拓宽银行理财产品投资渠道，在控制风险前提下满足客户理财需求，探索资本市场和银行理财产品对接途径；同时也为完善银行理财投资体系，扩充银行理财产品序列，进一步提升银行理财品牌的价值功能，实现理财产品的净值化转型，A 银行在现有法律制度与监管框架内设计开发了对冲基金组合投资理财产品——阳光集优量化组合（MOM），该产品自 2013 年 6 月开始项目筹备开发，历时一年，于 2014年 7 月正式成立。

产品采用银行理财＋基金专户资产管理计划的结构设计进行资金募集及投资。募集资金首先购买 A 银行的阳光集优量化组合理财产品，再由理财产品投资于基金专户资产管理计划，进行 MOM 的具体投放与管理。产品投资运作采用双层基金专户架构（见图 4）。

具体操作流程如下。

第一步，A 银行向客户发行阳光集优量化组合理财产品（MOM）募集资金。

第二步，基金子公司设立母基金，作为产品的整体资产归集载体，A 银行将阳光集优量化组合理财产品（MOM）的募集资金划转入（认购）该母基金。

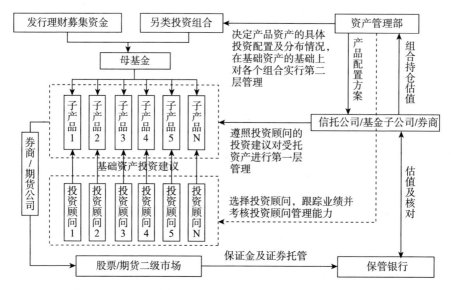

图4 对冲基金组合理财产品（MOM）运作模式

第三步，A银行选定管理能力优秀的专业投资管理机构作为目标投资管理人，并制定阳光集优量化组合理财产品（MOM）募集资产在各投资顾问之间的分配比例。根据选定的投资管理人成立一系列子产品，各子产品独立交易、独立核算并由A银行独立托管。

第四步，聘请A银行此前选定的意向投资管理人对各自账户进行管理；同时，根据既定的募集资金分配比例将母基金中的资金划转入（认购）各独立的子产品，由选定的投资管理人按照既定的投资范围及投资比例限制进行投资管理。

第五步，基金子公司根据母基金的资金投资情况，并结合所投资的各子产品对母基金进行估值。A银行根据母基金的资产净值变化情况对客户进行产品净值的信息披露以及收益分配。

第六步，在产品开放日如发生净申购，申购资金将划入（申购）母基金，并按照确定的母基金投资子产品比例进行资金分配；如发生净赎回则按照赎回份额及初始资金分配比例将资金从各子产品归集至母基金，由母基金将资金划回至A银行。

第七步，A银行结合市场环境的变化以及各子产品的投资表现情况定期调整母基金资金在各子产品之间的分配比例，并根据调整后的分配比例在各子产品之间进行相应的申购赎回。

作为国内第一家银行资产管理量化 MOM 组合，该产品通过创设量化对冲基金策略组合投资产品，为机构投资者、银行客户提供金融创新的工具，利用期货和现货市场中的信息不对称、市场有效性的不完全、实现低风险套利而获得盈利。

2015 年 6 月，A 股市场呈雪崩式下跌，至 7 月初，上证综指跌幅超过 25%，深成指跌幅超过 30%，阳光集优量化组合 MOM 逆市上涨 0.38%；此后 A 股市场波动剧烈，千股跌停局面屡见不鲜，截至 2015 年 12 月 31 日，上证指数跌幅接近 40%，45.24% 的波动率和 42.05% 的最大回撤幅度令人咋舌，而阳光集优量化组合 MOM 逆市交出了 2.16% 的收益成绩单，有效地避免了系统性风险，表现出良好的收益捕捉能力及业绩稳定性。

截至 2015 年 12 月 31 日，该产品总规模为 28.66 亿元，自成立以来实现收益率 22.25%，年化收益率 15.29%，最大回撤幅度仅为 5.38%；其中 2015 年实现收益 17.45%，波动率 7.34%，夏普指数超过 2.00，A 银行作为产品机构实现中间业务收入 2.46 亿元。

创新要点

在当前市场环境下，理财产品的多样化、净值化转型已经势在必行，MOM 的推出是顺应市场及投资者自身需求的选择，该产品设计理念具备以下特点。

1. 相较于传统股票型基金的天然优势

（1）该产品以市场中性策略的对冲基金为主要投资标的，通过对系统性风险（β）进行度量并将其分离。

（2）该产品通过投资多个对冲基金，将单个基金的系统风险、策略风险、道德风险充分分散，进一步降低整个产品的风险。

（3）2013 年，银监会 8 号文的出台大大规范了银行理财资金的投向，中性策略对冲基金的稳定收益可以作为一个非常优异的投资标的，缓解理财资金投资困难的状况。

2. 提供投资理财创新工具

该产品是针对理财客户固有投资需求的一次深度挖掘，是将 A 银行阳光理财服务同客户需求进行有效对接的手段。

（1）根据对冲基金组合的不同投资风险和行业投向，充分利用各类资产管理机构需求的差异性，围绕客户资产配置和投资策略，强化增值服务、中介服务和平台服务。

（2）加强与知名的海内外基石投资者的联动，与其建立战略合作伙伴关系，为资产管理业务共享资源贡献力量。

（3）为机构投资者提供了金融创新工具，使其可以按照金融工程的理论框架去探索新的盈利模式，有利于恢复我国金融市场扭曲的价格关系、抑制过度投机和增强市场流动性。

（4）除了完善 A 银行理财投资体系，进一步提升阳光理财品牌价值的功能之外，还可以通过本产品起到以下四个方面的作用。一是有效化解对冲基金市场信息不对称，二是筛选优质对冲基金的专业能力和行业资源，三是分散化的投资策略有效化解投资风险，四是为中小投资者参与对冲基金投资提供便利。

3. 有效控制风险

本产品面临的主要风险包括市场风险、操作风险和流动性风险，为保护投资人利益，A 银行在原有风险管理机制的基础上，针对上述主要风险采取了以下防范措施。

（1）量化策略的分散性。产品充分考虑对冲基金投资策略的差异性，同一策略风格的对冲基金管理人比例不超过 50%；对冲基金投资管理人的策略风格由资产管理部产品经理按照期现套利、阿尔法套利、统计套利、跨市场套利等风格进行界定。即使因市场风格轮动导致某几种策略有效性降低时，其他策略仍可继续提供稳健的收益。

（2）警戒线和平仓线设置。作为对冲基金组合投资理财产品（MOM）投资运作载体的子产品均设置警戒线和平仓线；经测算，假设所有子产品执行强制平仓，对冲基金组合的最大损失在 6% 左右，因此风险基本可控。

（3）巨额赎回条款的设置。产品建立初期，资金主要来自 A 银行理财资金及战略投资者的基石出资，一定时期内的巨额赎回可能性极小。且 A 银行在理财产品设计及下层基金子公司专户产品的条款设置中，也相应设置巨额赎回的灵活解决条款，这在一定程度上降低流动性风险。

4. 保护投资者权益为首要出发点

该产品在合规销售上遵循以下原则。

（1）产品目标客户为资金量较大，风险承受能力较强，并具备一定股票、期货、基金投资经验的高净值客户及机构客户。

（2）产品在系统内由具备较强客户销售能力的分行，选择专职高级理财经理，进行一对一的销售。

（3）组织备选投资顾问在重点分行进行联合路演，促进投资者对产品以及市场的了解与认识。同时，A 银行资产管理部协同各分行组织投资论坛、市场研讨会、财富管理沙龙，以及高端客户酒会等活动，通过投资者与投资管理人面对面的交流，为产品销售及后期运作创造良好的氛围。

创新启示

财富管理行业发展至今，一直深受理财产品隐性"刚兑"问题所困扰。要打破刚性兑付，关键是要按照"风险可隔离、风险可计量、投资者可承受"的路径设计产品，使基础资产的收益与风险真正过手给投资者，回归受托代客业务的本源。

A 银行理财业务长期致力于为投资者提供专业化、个性化和多样化的投资解决方案，以及长期稳定的资产回报。并持续自主创新和完善产品谱系，积极面对隐性"刚兑"问题，陆续推出多款净值型产品，推动产品净值化转型。

从阳光稳健一号至阳光量化集优组合（MOM），都是 A 银行在回归资产管理本源之路的努力，以求提升资管产品多元性，改变当前我国资管产品仍然相对简单，各种产品的层次不够丰富，难以满足不同投资者需求的现状，使不同的风险在金融市场内得以消化对冲，风险得到有效配置，改善投资者的整体风险回报率，同时也更好地促进资管行业良性健康发展。

| 案例 40 |

"碧水蓝天"资产管理计划

——支持京津冀协调发展

创新背景

2015 年 6 月，H 银行创新设立京津冀"碧水蓝天"资产管理计划（以下简称"碧水蓝天"资管计划），以支持京津冀及周边地区环境治理与经济协调发展为目标，对包括京津冀以及内蒙古、山东、山西地区在内的节能减排，新能源，资源循环利用，水、土、气污染治理等行业，通过债权（即委托贷款、信托贷款等）方式向满足条件的企业提供融资。

山东某生态环保集团有限公司（以下简称"S 公司"）为山东某建设控股集团有限公司的全资子公司，主营业务为城乡供排水（不含饮用水供应），包括污水处理、垃圾处理、中水回用、水源地建设、生态湿地建设、基础设施建设项目的投资、管理及咨询。其对外担保和融资余额，以及近 3 年无不良贷款记录，均符合 H 银行"碧水蓝天"资管计划的投资方向及投资要求。成为"碧水蓝天"资管计划设立后提供资金支持的首批受益企业之一。

S 公司此次融资规模为 2000 万元，融资期限 3 年，按月付息，本金分期偿还，融资期满一年之日归还本金 15%（即 300 万元），以后每半年偿还本金 10%（即 200 万元），到期还清全部本息。项目资产收益率按不低于同期贷款基准利率上浮5%执行。资金支付采取受托支付方式，融资用途为补充日常营运资金，还款来源为融资人在融资期内的现金流。项目由山东某建设控股集团有限公司提供连带责任担保。

在"碧水蓝天"资管计划的支持下，山东某环保公司污水处理厂日处理污水能力已达6万吨。

创新要点

围绕绿色主题，以"京津冀"为基点，H银行以高度的社会责任感和市场敏感性，对绿色经济和绿色产业开展调查研究。

第一，从地域来看，京津冀一体化，将带来如交通、现代服务业、节能环保业、商贸流通业等诸多行业的投资机会。推动京津冀产业结构向高端高效发展，在支持京津冀及周边地区环境治理与经济协调发展的同时，为满足条件的企业提供融资，将进一步提升H银行在京津冀地区的影响力。

第二，从市场空间来看，绿色经济朝气蓬勃，市场机会多。

首先，处于"高耗能、高污染、产能过剩"行业的企业必然要经历技术装备升级改造的阶段，银行业金融机构在支持传统制造业进行绿色改造、绿色清洁生产方面大有作为。

其次，对发展以新材料、新能源、污水处理、节能节耗为主要目标的新兴环保节能企业，在种子期、孵化期、成长期、成熟期等企业的不同生命周期阶段，银行业金融机构也可以提供相应的金融产品，支持企业的发展壮大。

最后，在各级地方政府主导的环境治理、生态还原、地下管廊等城市功能优化工程及农田水利工程等基础设施建设工作中，银行业金融机构可以利用多年项目贷款业务的经验，发挥积极作用。

第三，从服务能力来看，H银行拥有银行业金融机构全品种全覆盖的产品线、专业团队及新产品的研发能力。近年来，银行业金融机构大力发展资产证券化、结构化融资、债务融资工具等新兴业务，并且对资管计划、并购基金、投贷联动等业务进行了积极探索，可根据客户需求，提供债权、股权、夹层、"股权＋债权"等多品种、多类型的产品和服务，满足不同种类的客户需求、不同阶段的需求。

创新启示

第一，"碧水蓝天"资管计划不占用分行信贷规模和风险资产，是分行拓展融资渠道的重要方式。"碧水蓝天"资管计划的设立对分行在日常经营活动中不断优化信贷结构，加大对绿色经济、低碳经济和循环经济的支持力度，为实现全行信贷业务的健康、可持续发展提供了有效支持。

第二，银行业金融机构在为客户提供服务时，不应只围绕单一产品或服务进行营销，应以此为切入点挖掘客户的潜在需求，进而为客户提供综合性的服务，实现双方共赢。与 S 公司的业务合作，在为客户提供资金支持的同时，带动分行日均存款提升 1500 万元，业务交叉营销效果明显。

第三，"碧水蓝天"资管计划采取支行负责营销，分行负责审批，总行负责统计、备案，按照全行风险统筹管理进行总体调控及资金投放。这种运作方式在风险可控的前提下加快了资金的投放速度，缩短了客户的融资周期，满足了企业对资金时效性的更高要求。

第四，"碧水蓝天"资管计划项目的落地，充分展现了 H 银行的客户营销能力和产品创新运用能力，拓宽了对客户融资服务的渠道，创新了融资方式，打开了未来与银企合作的广阔空间，为参与激烈的市场竞争增添了更多的砝码。

第五，资金投放后，银行业金融机构仍需密切关注融资人业务运行模式、营业收入、融资还款计划等情况，防止出现还款能力不足等风险；关注国家行业政策变化，根据绿色、低碳、循环经济相关产业特点以及工业转型升级需求，积极研发专项金融产品和服务，为绿色金融产品研发、审批和推广提供便利。

第六，绿色经济涉及的行业种类繁多，银行业金融机构在发挥原有专业优势的同时，还要不断加强绿色信贷人才队伍建设，学习和借鉴国际先进做法，加强与同业的沟通协调和信息共享，形成绿色信贷团队合力。

| 案例 41 |

非保本结构性理财创新

——"广银安富—联动共赢"

创新背景

随着经济增长逐渐放缓，国内市场利率水平加速走低，银行理财产品收益率也在逐渐下行，对银行理财提出了更大的挑战。

从客户需求来看，在利率下行周期中，全市场银行理财产品的收益率以较明显的速度继续下行，导致客户对于预期高收益产品需求越发迫切。因此，有着预期最低收益，又有机会博取较高收益的结构性理财产品受到投资者更多关注。同时，越来越多的客户有意愿配置多种境外资产的需求。

从业务发展来看，商业银行致力于理财业务的进一步转型，在合法合规的前提下推出更多优质理财产品，更好地服务于各层次客户，并提升中间业务收入。

从监管方面来看，监管机构引导和鼓励银行理财产品向浮动收益型、真正体现资产管理能力的方向发展。

在上述背景下，G银行以响应监管要求，并满足客户需要为理财业务发展方向，在已有的非保本产品和保本结构性产品多个系列的基础上，于2016年年初创新推出"广银安富—联动共赢"系列非保本结构性理财产品。该产品本金部分投资于货币市场、债券市场及其他资产，将产生的收益进行衍生品投资。产品既具创新价值，也以较稳健的方式为客户赢得更高收益的机会，并兼具帮助客户分享海外优质资产带来的收益功能。

创新要点

1. 产品模式创新

"广银安富—联动共赢"是拟合非保本固定收益型产品与保本结构性产品，其本金部分投资范围包括货币市场工具、债券、非标准化债权资产和其他金融资产；衍生品投资部分则充分发挥灵活性，可投资于境内外权益类、固定收益类以及符合一定条件的基金、汇率、商品、利率、农产品等。

2. 产品结构创新

"广银安富—联动共赢"系列非保本结构性产品在以往常见的二元看涨期权（digital call）和不触碰结构（no touch）等基础上，增加了双标的逐日累积型等结构，通过同时观察两个挂钩标的降低期权费率，并在一定程度上增加了获取高收益的概率。

3. 挂钩标的范围拓展

在传统沪深 300 股指等基础上增加了汇率类（欧元兑美元、澳元兑美元等）、商品类（黄金、原油等）及基金类等标的，顺应市场趋势挂钩不同标的，为客户提供更多样化的选择。

4. 产品创新特点示例

（1）紧随市场趋势，为客户发掘机遇。2016 年上半年，国际原油市场在经历前期的大跌后出现强势反弹。受部分地区原油供应减少或中断、新兴市场经济增长略好于预期等一系列原因，市场对全球原油供需平衡进程的预期有所提前，推动布伦特原油价格自一季度中开始震荡上行。G 银行产品团队经过分析认为，短期内布伦特原油价格仍有一定上升空间，可通过发行看涨结构的产品为客户博取高收益。

在此背景下，G 银行于 2016 年 4 月推出挂钩布伦特原油的"广银安富—联动共赢"产品,衍生品部分投向挂钩布伦特原油价格的欧式二元看涨期权,理财期限为 90 天,客户预期年化收益为 1.5% 或 7.0%。该产品的收益结构为:在产品结算日,若布伦特原油的定盘价格大于或等于期初价格的 110%(即行权价格),则客户理财年化收益率为 7.0%,否则为 1.5%(见图 5)。

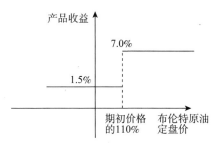

（1）在产品结算日,若布伦特原油定盘价≥期初价×110%,年化收益率=7.0%

（2）在产品结算日,若布伦特原油定盘价<期初价×110%,年化收益率=1.5%

注:本说明仅供参考,实际要素以产品说明书为准。

图 5　"广银安富—联动共赢"产品收益结构

该产品一经推出,短短两日即获得客户的满额认购。一方面是 G 银行"广银安富—联动共赢"系列虽然为浮动收益的结构性产品,但自 2016 年年初推出以来获得最高收益的期数较多,赢得了老客户的信任;另一方面在固定预期收益类型产品收益普遍下行的环境下,越来越多的客户逐渐开始接受投资结构性产品,以小博大,通过稳健方式赢取高收益。

该产品成立后,伴随市场对原油供需提前实现再平衡预期的逐渐升温、美联储延迟加息等一系列事件,布伦特原油在理财期限内震荡上行,并在产品结算日收盘于行权价格上方。"广银安富—联动共赢"成功为客户带来年化 7% 的高收益。

（2）综合多因素分析市场,稳扎稳打、稳健投资。2016 年年初,国内 A 股大跌,恐慌情绪蔓延,全球金融市场受影响亦发生剧烈震荡。在市场大幅波动的环境下,如何为客户寻找符合稳健投资的标的成为 G 银行产品团队在设计产品时的重中之重。经过持续的观测与分析,产品团队认为,在 2016 年美联储加息前景不明朗、环球流动性宽松、避险情绪挥之不去等多重因素作用下,欧元兑美元汇率短期内维持区间震荡的概率相对较大,如果选择欧元作为挂钩标的,设计双向不触碰结构的产品，较为符合稳健投资的要求。

在此背景下，G银行于2016年上半年陆续推出数期挂钩欧元兑美元汇率的"广银安富—联动共赢"产品，衍生品部分投向挂钩欧元兑美元汇率的双向不触碰期权。以"广银安富—联动共赢"2016年第1期为例，理财期限为3个月，客户预期年化收益为2.0%或8.0%。该产品的收益结构为：在产品观察期内，若欧元兑美元汇率从未高于或等于高触碰价格且从未低于或等于低触碰价格，则客户理财年化收益率为8.0%，否则为2.0%（见图6）。

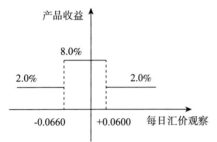

当观察期内的每日东京时间下午3点：

（1）若欧元/美元中间价曾≥期初价+0.0600，或曾≤期初价-0.0660，年化收益率=2.0%

（2）若期初价-0.0660<欧元/美元中间价<期初价+0.0600，年化收益率=8.0%

注：本说明仅供参考，实际要素以产品说明书为准。

图6 "广银安富—联动共赢"2016年第1期产品收益结构

该产品基于稳健的投资策略和设计思路，力求尽可能提高客户收取最高预期收益的概率，并最终实现8%的高收益。至2016年7月底，已到期的"广银安富—联动共赢"挂钩欧元兑美元汇率的同结构类型产品，最终实现最高预期收益，备受客户好评。

创新启示

1. 服务客户需求，紧随市场趋势

事实证明，与时俱进，结合市场及客户海外资产配置、分享全球增长红利的需求，通过自身投研能力不断提升，创新满足客户需求的理财产品才能被市场认可和接纳，"广银安富—联动共赢"非保本结构性产品的推出，为客户带来了稳健投资、博取高收益的投资良机。

2. 利用既有优势，开发精华产品

"广银安富—联动共赢"是G银行整合多年来投研、销售方面的经

验，进行优势整合，推出的"强强联合"的精华产品。通过"广银安富"模式运作，本金部分进行底层投资，可获取较传统保本理财产品更高的收益；收益部分进行衍生品投资，挂钩于境内外多种标的资产。2016 年重磅推出的"广银安富—联动共赢"新产品，受到广大客户的赞誉。

3. 充分研判分析，发挥资管能力

产品研发能力是决定理财收益的基石，始终是资产管理工作的重中之重。

第九篇

国际业务创新

案例 42

把握客户核心需求营销出口保理创新产品

创新背景

境内出口商 A 公司是一家专业外贸公司，近年与美国世界 500 强企业 B 公司签订了一份出口家具的贸易合同，预计全年将与 B 公司贸易金额达到 2.6 亿美元。由于 A 公司业务规模增长较快，但货款回笼期限较长，面临资金周转与银行授信不足问题，因而向当地多家银行提出融资需求。

创新要点

在接到 A 公司的需求后，I 银行就 A 公司的基本情况进行了初步了解。A 公司已成立 5 年，具备进出口业务经营权，在国家外汇管理局贸易外汇收支企业名录内，在业内资信良好，与 R 公司已有两年以上的业务合作关系，且合作期间未发生任何商务合同纠纷。针对此次签订的订单，经 I 银行调查，A 公司的出口家具已出运，贸易背景真实，A 公司与 B 公司签订的商务合同中并未设定应收账款禁止转让的条款。

针对 A 公司的业务特点及融资需求，I 银行进行了认真研究，考虑到其出口家具的特点，I 银行向其推荐了创新产品"出口保理通"业务。"出口保理通"业务是 I 银行与境外进口保理商在国际双保理业务合作的基础上最新推出的业务，即出口商和 I 银行（出口保理商）签订出口保理协议，在出运货物后向 I 银行提出出口保理预付款申请。I 银行受让出口商的应收账款后，将该应收账款再转让给境外进口保理商，由境外进口保理商基于受让的应收账款债权与 I 银行共同为境内出口商提供本外币预付款。通过叙做"出口保理通"业务，境内出口商 A 公司可提前实现货款回笼，加速资金周转，改善企业财务报表，且无须占用 A 公司授信。同时，利用进口保理商的资金优势，可以帮助 A 公司降低财务成本。在了解办理"出口保理通"产品的多项优势后，A 公司对此产生了极大的兴趣，并表示出强烈的合作意向。

I 银行为国际保理商联合会（FCI）成员，具备多年的国际保理业务办理经验，长期以来与全球几十家保理商保持着良好的合作关系。在了解到 A 公司的办理意向后，I 银行立即与境外出口保理商 Y 银行联系，并进行了初步询价，经沟通，境外出口保理商 Y 银行为 A 公司核定买方信用额度 8000 万美元。

由于当地竞争激烈，A 公司几经比较，I 银行在产品结构、保理融资价格、手续费报价等方面以绝对优势胜出，A 公司最终选择与 I 银行合作叙做"出口保理通"业务，并与 I 银行正式签订了出口双保理协议。在确认 A 公司同意叙做"出口保理通"业务后，I 银行又联系了境外进口保理商 Y 银行进行正式询价并获得正式买方信用额度 8000 万美元；A 公司出货后向 I 银行交单，向 I 银行提出出口保理通申请，并转让应收账款，同时提出融资申请；I 银行受让 A 公司应收账款后，将该应收账款再转让给境外进口保理商 Y 银行，I 银行收到进口保理商 Y 银行的款项后，扣除相关费用，将剩余款项支付给 A 公司。在应收账款到期日，如境外买方 B 公司仍未付款，I 银行联系进口保理商进行应收账款催收。在应收账款到期日的宽限期内，进口商 B 公司向进口保理商 Y 银行进行付款，进口保理商收到货款后，扣除向 I 银行提前支付的款项后，将余款汇入 I 银行；I 银行扣除最终费用后，将余款汇给 A 公司。最终，在应收账款到期日，B 公司按时向 A 公司支付应付货款，A 公司按期偿还了融资。

创新启示

通过"出口保理通"业务的成功办理，可以归纳出以下几点启示。

1. 抓住客户核心需求，有针对性地向客户推荐相关产品

在业务办理前，I 银行详尽地了解了 A 公司现阶段业务的发展情况以及核心需求，即 A 公司资信良好，但由于业务发展较快，面临资金周转与授信不足的问题。同时，针对 A 公司与 B 公司此笔交易，采用赊销（O/A）结算方式，期限 120 天，商务合同中并未设定应收账款禁止转让的条款，且 A 公司与 B 公司合作关系良好。基于上述考虑，I 银行认定此笔业务极适合通过"出口保理通"业务满足客户的融资需求，并向客户推荐了此产品。

2. 充分利用产品以及自身优势，成功为客户办理业务

"进口保理通"是进口保理商基于受让的应收账款债权为 A 公司提供本外币融资，并可为客户提供集应收账款催收、应收账款管理和买方信用担保等为一体的综合性金融服务。通过"进口保理通"，可以成功解决 A 公司授信不足的问题，提高资金周转率，并优化公司报表，提前将应收账款变现。此外，在 A 公司办理"进口保理通"时，针对当时的市场情况，境外进口保理商能提供较低成本的融资价格，为 A 公司带来更多的实惠，节省了更多融资成本。同时，I 银行是国际保理商联合会成员，与全球几十家保理商签订了国际双保理业务合作协议，并长时间保持良好的合作关系，在询价、核定额度以及后续业务操作处理方面具有较大优势。因此，在比较其他同业产品、融资价格、手续费及综合服务优势后，A 公司最终选择与 I 银行合作办理业务。

3. 以"出口保理通"业务为突破口，与 A 公司建立了良好的合作关系

通过"出口保理通"业务的成功办理，I 银行成功锁定 A 公司在 I 银行的国际结算 2.6 亿美元，从而带动 I 银行的国际业务收益增长。此外，在境外利率具有优势的情况下，进一步提高 I 银行中收转化率，同

时也带动了外汇资金业务快速发展，拓宽了业务渠道。同时，通过对该笔业务的办理，A 公司对 I 银行的金融服务较为满意，并表示出全面合作的意向，有意将与其他银行合作的业务转入 I 银行办理，从而达到"双赢"的效果，为双方创造了更为广阔的业务合作平台。

| 案例 43 |

保值新产品
—— 人民币外汇货币掉期

创新背景

小 A 是 C 银行的一名客户经理，2016 年 3 月的某一天，他在翻阅日常客户关系维护信息时发现 B 公司有大量未到期的美元贷款。他进一步打听得知，B 公司的美元贷款并未开展相应外汇保值和利率对冲业务，在美元加息逐步走强的背景下，B 公司未来将面临一定美元利率及汇率敞口风险。

了解到这些情况后，小 A 主动上门走访，积极与 B 公司的老总和财务总监进行沟通。针对 B 公司的美元债务期限结构及收付汇情况，同时考虑到当时的金融市场形势，为 B 公司制定了一份融合汇率、利率保值的综合保值方案，以期减少 B 公司的债务支出，降低综合风险敞口。

小 A 根据市场形势和 B 公司的债务结构及收付汇情况，设计的融合汇率、利率保值的综合保值方案，包括以下内容。一是 3 个月以内的美元贷款，可暂不采取保值措施，利用 B 公司自有收汇部分或到期时即期购汇进行债务成本支付。二是 3 ~ 6 个月的美元贷款，通过引入远期售汇等产品锁定和降低未来购汇成本。三是 6 个月及以上的美元贷款，可通过签订货币互换锁定未来支出的汇率及利率水平。签订美元与人民币互换协议后，不管未来美元汇率及利率如何变化，B 公司美元债务的本息均由 C 银行支付，B 公司只需支付人民币债务的本息，有效地规避了汇率及利率风险。

同时，小 A 也给客户揭示了衍生品的相应风险。一是汇率波动风险。如果期初美元与人民币的互换汇率确定为 6.5774 元，在交易存续期内，人民币兑美元上涨至 6.4 元附近，则导致互换项下计息人民币本息的成本高于原美元融资项下的成本。二是利率波动风险。互换交易成交之后，在极端情况下如果美元降息，导致在互换交易项下，B 公司支付人民币本息的成本可能明显高于原美元融资项下的成本，存在一定的利率波动风险。

在小 A 的积极营销下，B 公司开始重新审视其外汇风险敞口，并对保值方案产生了浓厚的兴趣，随后在其风险适应范围内叙做了相应外汇保值业务。

创新要点

1. 帮助客户实现了外汇保值，节省了融资成本

如果在交易存续期内，人民币兑美元汇率跌至 6.75 元，则掉期项下，不考虑利率水平变化及其他交易成本，单纯汇率波动，可为 B 公司节省 × × 万元的融资成本。另外，若美元利率上涨，就会为 B 公司节省融资成本。

2. 维护了良好的银企关系

小 A 的积极营销和外汇保值方案，展现了商业银行在外汇市场上的专业性和风险管理能力。企业也因此加深了与商业银行之间的产品互动关系。从结果上看，后续 B 企业针对其债务和企业经营所涉及的利率汇率风险，均主动向 C 银行咨询意见与保值建议，也与 C 银行建立了很好的银企关系。银行得以更好地了解客户，而客户也更加信任银行的专业指导意见，最终实现了互利共赢。

3. 培育了客户保值意识

通过此次新产品推荐，客户重新认识到自身业务的汇率风险和利率风险，相关业务保值方案的叙做时点也为客户未来外汇保值操作开了一个好头。好的开始是成功的一半。这也为客户对后续外汇保值方案的选择和开展提供了新的思路，也为客户培育了较强的保值意识。

4. 推广保值新产品——人民币外汇货币掉期

人民币外汇货币掉期业务自 2006 年允许开办以来，受市场流动性等因素影响一直处于初步推广阶段，产品的受众面、客户的了解程度均有待进一步提高。此次对 B 客户营销成功的案例，展现出该产品较现有的人民币外汇掉期业务其他产品，在利率方面有更直接的优势，客户体验也明显提升，因此助推了该产品的进一步发展和完善。

创新启示

1. 要提高营销人员的营销意识

营销素质的提高重点在于培养营销人员的营销意识。营销机遇无处不在，在网络高度发达的今天，足不出户也可以挖掘到优质客户，关键是营销人员要不断培养和提高识别优质客户以及优质客户潜在交易需求的能力。

2. 要熟悉自己的产品

营销人员要推销自己的产品，首先要熟悉自己的产品，特别是衍生品交易。营销人员不但要熟悉衍生品在保值中的作用与优点，更要掌握衍生品的相应风险与不足。只有在充分了解自己产品的基础上，营销人员才能面对不同的客户需求，游刃有余地选择不同外汇风险保值工具。

3. 创新要基于客户的实际需求

产品创新首先是服务于客户。了解客户的交易背景，有针对性地提供相应市场方案，对成功营销客户至关重要。本案例中，小 A 能够根据客户不同债务期限，有针对性地设计不同方案，最终赢得了客户的信赖，也促进了产品的推广。

4. 人民币外汇货币掉期交易有助于帮助客户实现不同货币资产/负债的转换，有较高的应用价值

人民币外汇货币掉期业务虽然交易要素较为复杂，交易细节比常规汇率产品，如远期、掉期等更多，但在实际营销过程中，营销人员同样可以简单地将产品化解为两笔资产或者负债给予转换。事实上，客户通过人民币外汇货币掉期，可以实现将外币债务/资产转换为人民币债务/资产，以达到保值的目的。

案例44
跨境供应链融资服务方案

创新背景

1. 市场背景

随着"一带一路"等国家重大战略的稳步实施,中资企业"走出去"的步伐越来越快。为了更好地融入国际市场,提升企业国际化竞争能力,中资企业会在中国香港或新加坡等地设立海外贸易平台,统筹安排全球贸易相关事宜。这类企业在全球业务拓展过程中,海外贸易平台的融资需求非常旺盛。

2. 客户概况

某企业从事粮油、饲料、蛋白等产品的生产、加工与销售,是多家银行竞相营销的国际业务优质客户。该企业每年需要从美国、巴西、阿根廷等国进口原材料大豆150万~200万吨。在2013年以前,该企业进口模式是直接从国外供应商处进口,在境内银行获得贸易融资用于对外支付。自2013年之后,为统筹全球供销,同时为进一步降低融资成本,该企业在香港设立了境外进口平台公司,原有的进口模式调整为该企业与境外平台公司签订进口合同,境外平台公司接受该企业委托再与境外供应商签订合同,境外平台公司随之产生了开立信用证等贸易融资需求。

3. 业务需求

该企业设立境外平台公司后，也相应改变了原有的结算方式和融资模式。调整后的模式为，该企业与境外平台公司签订人民币进口合同，并在 J 银行境内分行申请 180 天人民币远期信用证，信用证受益人为境外平台公司，境外平台公司收到 J 银行境内分行开出的人民币远期信用证后，持证到香港当地银行开出以境外供应商为受益人的背对背信用证子证。信用证子证到单后，境外平台公司换单后委托寄单行交单至 J 银行境内分行，J 银行境内分行在单证相符的情况下发送承兑电文，境外平台公司以 J 银行境内分行承兑电文到香港银行间市场申请信用证承兑款项贴现，以贴现款项直接支付境外供应商。但模式流程长、费用高、环节多，该企业与境外平台公司对此方法满意度不高。

4. 创新思路

该企业调整贸易模式后，融资成本有所降低，但由于涉及境内外多家银行，业务处理效率无法满足该企业需求。J 银行境内分行提出由境外平台公司开立境内外汇账户（NRA 账户），直接为境外平台公司开立信用证并办理融资的创新思路。但境外平台公司资质相对一般，也无法提供足够抵质押物，按照传统授信模式很难获得银行融资。鉴于境外平台公司与该企业的贸易关系，J 银行境内分行创造性地提出了跨境供应链融资服务解决方案，即以该企业为核心企业，以境外平台公司为卫星企业。通过核心企业与卫星企业的信用捆绑，在有效控制货物流、资金流和信息流的前提下，将核心企业的授信额度切分给卫星企业使用，一举解决了境外平台公司融资难的问题。

5. 服务方案

为主动适应该企业经营模式的改变，J 银行境内分行为该企业设计了跨境供应链融资服务方案，由境外平台公司在 J 银行境内分行开立 NRA 账户，在该企业对应付账款和未来应付账款进行确认的前提下，将其 9 亿元授信额度设置为与境外平台公司共用。有了共用额度后，该企业与境外平台公司均可直接在 J 银行境内分行申请开立人民币信用证，J 银行境内分行同时作为母证开证行和子证开证行，也是母证的承兑行，开证、交单、承兑、贴现等行为均在系统内完成，业务处理效率得到大幅提升。

创新要点

J 银行境内分行为该企业提供了跨境供应链融资服务方案，完美地解决了境外平台公司开立信用证等贸易融资需求，获得客户的高度评价。本次设计的跨境供应链融资服务方案主要包括以下几点。

第一，为境外平台公司开立 NRA 账户，由 J 银行境内分行为该企业及其境外平台公司统一提供账户、结算、融资等各种服务，以统一的标准和流程服务客户。

第二，J 银行境内分行为该企业及其境外平台公司开立的信用证均为人民币信用证，可以有效规避汇率风险。同时 J 银行发挥全球经营优势，境内分行引入海外分行的低成本资金，进一步降低客户的结算和融资成本。

第三，实现该企业（即"核心企业"）与境外平台公司（即"卫星企业"）的信用捆绑，让核心企业对应付账款和未来应付账款进行确认，确保卫星企业的还款来源真实可靠。

第四，开证、交单、承兑、贴现等操作均在 J 银行系统内完成，能够确保统一标准审单、统一标准操作、统一标准推广。

创新启示

在该跨境供应链融资服务方案的设计上，J 银行境内分行将该企业的境内境外主体统一纳入 J 银行授信和融资框架中，实现了境内外一体化和本外币一体化。该企业及其境外平台公司整个的进口业务链条全部在 J 银行境内分行办理，加上 J 银行全部布局日益完善，客户可以享受全球低成本融资。同时由于开证、交单、承兑、贴现等操作均在 J 银行系统内完成，省去了中间环节，该企业节省了宝贵的人力成本和时间成本。在费用上，J银行采取综合报价方式（即单笔业务融资成本加各种手续费加总报价方式）为该企业降低了中间环节费用。从J银行角度讲，由于对供应链整体链条的监控，有利于J银行对客户全套单据的掌控，以及对其物流、资金流的掌控，有效控制了信贷风险。

案例 45

跨境金融一站式综合服务产品

创新背景

随着世界经济一体化和金融全球化趋势加强以及"一带一路"倡议的稳步实施，中国企业从商品"走出去"发展到资本"走出去"，诸多大型券商在发展规划中积极践行"走出去"和"境内外一体化"的发展战略。

2015 年 1 月底，M 银行××分行某客户经理在一次业务拜访中偶然得知 A 公司希望了解海外发债业务信息，M 银行立即连夜安排会议与 A 公司开展交流，凭借以往参与海外发债业务所积累的实战经验和专业知识，详细向客户介绍了境外发债要点以及 M 银行海外平台优势，首次会谈即赢得了客户的高度认可与信任。两周后，A 公司收购 B 公司的邀约公布，企业境外融资的具体需求和细节浮出水面。原来，A 公司全资香港子公司——C 公司与 D 公司签订股权转让协议，C 公司拟以 40.95 亿港元的价格收购 D 公司持有的 B 公司 70% 股份。C 公司已用自有资金支付部分并购款，剩余的并购款将通过海外发行债券的方式募集资金完成并购交易。此时，随着内地和香港资本市场的双向流动性不断增强，香港二级市场突现空前的活跃态势，B 公司业务量和市场估值呈现非有机增长，为确保仍以合同约定的较低价格顺利完成收购，A 公司尽早支付并购款、完成境外收购的需求迫在眉睫。

　　M 银行××分行快速反应并由分行行长牵头组成项目小组，制订了周密的项目计划，并确定以时效性和综合化为实施策略。项目小组始终与 A 公司海外并购团队保持紧密联系，深入、动态地同步跟进了解收购进程，并在对客户需求深刻挖掘的基础上，充分利用该行众多境外平台的差异化优势，为客户设计了"跨境并购过桥贷款 + 流动资金贷款 + 海外发债 + 海外 IPO"的一体化、一站式综合服务方案。M 银行充分利用该行"本外币、境内外、离在岸、投商行"一体化的体制优势，更能满足客户在效率、资金、专业发展等方面的综合需求，最终击败了众多实力强劲的竞争对手，获得客户认可。该并购项目交易复杂，分阶段实施如下。

　　第一阶段，为快速完成并购，实施"并购贷款 + 流动资金贷款"。A 公司对外担保项下 M 银行为 C 公司提供短期过桥并购贷款，由其境外分行和离岸金融中心共同放款；同时，A 公司在对外担保项下由 Y 银行为 C 公司提供流动资金贷款。

　　第二阶段，保函增信境外发债，用于归还并购贷款。M 银行应 A 公司申请开立备用信用证为境外发债增信，Y 银行担任境外发债全球协调人，M 银国际担任境外发债联席簿记管理人。

　　第三阶段，A 公司 H 股上市。A 公司拟发行 6.8 亿股 H 股，M 银国际担任账簿管理人。

创新要点

　　M 银行深入挖掘 A 公司并购项目的核心融资需求，充分利用该行"本外币、境内外、离在岸、投商行"四位一体的独有优势，以"ONE BANK"一体化服务为客户提供跨境金融一站式综合服务，并且将一体化联动的优势予以最大化。

1. 一体化服务、多平台联动是项目成功的关键

　　M 银行凭借特有的国际化经营能力，首创境内外"ONE BANK"一体化服务。M 银行早在 1989 年就成为全国首家开办离岸业务的银行，

2002 年在香港设立了分行、成为国内最早设立境外分行的股份制银行，2008 年又成功设立了纽约分行和并购了 Y 银行，此后该银行国际化步伐进一步加快，新加坡、卢森堡、伦敦分行陆续开业。此外，M 银行还在中国香港地区注册成立了独资子公司 M 银国际，专营海外投行业务。布局合理、功能齐全的境外机构，使 M 银行具备了"本外币、境内外、离在岸、投商行"四位一体的国际化经营能力，为客户提供全球"ONE BANK"一体化服务。

在本案例中，期初 A 公司收购 B 公司的举动在业内引起了高度关注，数十家中外资银行蜂拥而至提供各种融资方案。在与客户利益关系及贷款定价方面，M 银行并不具备绝对的竞争优势，但最终凭借一体化的综合服务方案，通过"境内外、离在岸、投商行"的联动服务，由其境内主办分行、香港分行、总行离岸金融中心、Y 银行、M 银国际的系统内多平台协同联动，为客户提供并购贷款、流贷、发债、H 股上市的一站式、全流程贴身服务，帮助 A 公司走向海外资本市场，并且在实际操作过程中，紧密配合、高效互动的体制优势得到了充分发挥和显现，共同推动了本项目的成功落地。

2. 不断优化、完善的分层产品体系是项目成功的基础

为服务于中国企业从商品"走出去"到资本"走出去"，M 银行于 2011 年建立了跨境金融"三通"产品体系，此后，又根据市场环境和客户需求的变化始终不断优化。其中，跨境商贸通围绕跨境商贸链（采购、加工、分销、账款管理等）的各环节，为企业提供涵盖跨境支付结算、融资、担保、汇兑交易等的全过程金融服务；跨境资本通则围绕跨境资本链（境外投资、上市/增发/退市、发债、并购重组等）的各环节，为企业提供国际资本市场"投行＋商行"的全周期金融服务；跨境财富通则嫁接并服务于跨境资本通与跨境商贸通，灵活运用全球银行间资源渠道和广泛的金融市场工具，进一步实现企业财富的保值和增值。

在本案例中，M 银行正是运用了跨境资本通产品体系的解决方案，以并购为着眼点，通过深入分析客户需求，了解到 A 公司在港业务发

展也亟须长期及稳定的资金支持，以及希望利用其在香港的优势加强资本市场运作，最终为客户创造性的延伸打造了更为全面、丰富的产品方案，从并购贷款延展至境外发债和 H 股上市，以深度满足客户融资的多方位需求。

3. 不屈不挠、能征惯战的专业团队是项目成功的保障

M 银行之所以能从众多强有力的竞争对手中虎口夺食，得益于该行有一支能征惯战、专业敬业的专业团队。初期，客户经理从偶然得知的信息中，敏锐地察觉到业务机遇；行领导果断决策，并在春节前夕带领银行专业团队亲赴 A 公司，表达参与海外并购融资的决心，并全程协调推进该笔项目落地；银行内部多个相关部门业务骨干组建的项目小组成员，夜以继日、加班加点进行方案设计、并购立项上报、尽职调查、并购专项授信报告撰写、风控审批等各项流程，仅用两周时间就完成了整体方案的制定和项目上报，争分夺秒为项目推进赢取宝贵时间；境外分行、子行等联动平台的项目成员充分利用自身专业优势，为客户提供境外发债、上市的各种专业指导意见，并与境内分行紧密协作、高效互动，配合境内分行完成整体服务方案的制定，以及境外融资审批手续。最终，通过项目小组的团队协作，凭借不屈不挠、狼性营销的刻苦精神，M 银行方能从激烈的竞争中脱颖而出并帮助 A 公司完成并购交易。

创新启示

该案例有以下三点启示。

1. 要因势而变，优化发展全新服务模式

随着中国企业"走出去"战略的推进，企业跨境经营逐步走入更深层次，对金融服务的多样化需求日益增长。在此背景下，商业银行也应秉承"因势而变"的理念，在传统国际业务基础上不断升级优化，开辟出一套为企业全球化发展提供境内外一体综合服务的"跨境金融"全新服务模式。

2. 要拓展业务合作范围

商业银行与非银行金融机构的合作是下一步跨境金融业务突破的一个重要的方向，借助同业授信开展保函项下的跨境投融资业务是一个契机，且业务范围不仅包括跨境并购、境外发债等，还可为券商提供保证金融资的资金。

3. 要重视投商行联动营销

在 A 公司 H 股上市过程中，M 银行充分发挥投商行联动的优势，境内分行帮助其海外子公司 M 银国际营销了分行大客户 F 公司作为 A 公司 H 股的基石投资人，并为 F 公司此次的基石投资进行融资安排，从而为 M 银国际赢得 A 公司 H 股上市联席账簿管理人争得有利砝码。商业银行拥有丰富的客群资源，通过商行和投行联动营销，可为拟上市公司在股票正式发行前寻找并锁定优质战略合作伙伴作为其上市基石投资人，为其投行业务争取业务优势。

| 案例 46 |
跨境人民币双向资金池产品

创新背景

  ××集团是一家从事电子、通信、信息产业开发、生产及销售的大型跨国企业集团，是 C 银行的总行级战略客户，××集团在外币贷款、贸易融资、跨境人民币结算、信用证、银承汇票、人民币外债、内保外贷、外汇买卖、货币掉期、利率掉期等诸多方面给予 C 银行大力支持，是与 C 银行合作最为紧密，交叉营销最为充分的企业集团之一。

  作为一家大型跨国企业集团，××集团的主营业务中近半为海外业务。2014 年，其实现海外销售收入 454.62 亿元，同比增长 28.53%，占集团总体销售收入的 46.6%。自 2009 年 7 月跨境贸易人民币结算试点启动以来，××集团一直积极推动对外贸易结算以人民币计价，跨境人民币结算量一直在稳步提升。2013 年，××集团跨境人民币结算量为 263.4 亿元，约占其所有业务跨境结算总量的 30%；2014 年跨境人民币结算量为 361 亿元；2015 年 1~5 月跨境人民币结算量为 191 亿元。

  尽管跨境贸易人民币结算促进了贸易便利化，然而对于××集团这类境内外有数百家成员公司的大型跨国企业集团而言，境内外公司之间难以实现资金互通。××集团通过跨境人民币资金池，能有效提高集团境内外资金使用效率，极大地促进××集团战略部署和未来发展。

创新要点

凭借对跨境人民资金池政策掌握先机的优势，在 C 银行总行国际部的大力支持与推动下，C 银行多次与人民银行沟通操作细节，并设计了详细的业务方案，协助××集团完成整套申请资料准备工作，最终在多家银行中脱颖而出，成为××集团跨境人民币现金池业务的主办银行。2014 年 11 月 10 日，××集团拿到全国首个跨境人民币资金池业务批复；同年 11 月 11 日，实现全国首笔跨境人民币资金归集。其业务构架及流程见图 7。

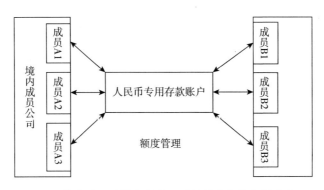

图 7　境内公司跨境贸易人民币结算业务构架及流程

1. 资金运作框架

（1）资金运作模式。通过主办企业在 C 银行开立人民币专用存款账户，建立跨境双向人民币资金池，实现跨境人民币资金集中运营管理，调剂资金余缺；主办企业代理境内成员公司办理经常项下跨境人民币集中收付汇及轧差净额结算。

（2）人民币专用存款账户。C 银行作为××集团合作银行。并由主办企业在 C 银行开立人民币专用存款账户。该账户专户专用，专门用于跨境人民币资金归集或集中收付，不得与其他资金混用。

（3）人民币资金内部运营管理。境内外成员企业参与跨境双向人民币资金池业务的人民币资金，仅限于企业的生产经营活动和实业投资活动的现金流，且不得超过跨境人民币资金净流入额上限。跨境人民币资金净流出额暂不设限。××集团可在核定额度内，通过××财务公司按实需原则开展人民币资金内部运营，调节境内外成员公司之间的人民币头寸余缺，提高集团内部资金使用效率，减少外部融资成本。

2. 资金运作管理

（1）资金划拨。从境内外流入流出的人民币资金，通过人民币专用存款账户进行资金划转。

（2）流入限额。跨境人民币资金净流入额上限＝资金池应计所有者权益×宏观审慎政策系数。其中，资金池应计所有者权益＝∑（境内成员企业的所有者权益×跨国企业集团的持股比例）。宏观审慎政策系数初始值为0.1，人民银行根据宏观经济形势和信贷调控等的需要进行动态调整。

0. 实施效果

通过与××集团开展跨境人民币双向资金池业务，进一步巩固加深了C银行与××集团的整体合作，增强××集团对C银行的业务黏合度。C银行一跃成为××集团五大战略合作银行之一，也是与其合作的唯一一家股份制战略合作银行。

同时通过开展跨境人民币双向资金池业务的推动，C银行与××集团已经开展全面业务合作。在产品覆盖方面，××集团及其下属子公司在C银行主要公司业务品种涵盖十余种；在业务覆盖方面，C银行目前与××集团及其下属主要核心制造企业开展业务，并建立长期稳定的合作关系，业务合作辐射到广州、深圳、中山、佛山、合肥等市；在综合收益方面，2014年年末，××集团及其下属子公司在C银行沉淀存款近人民币37亿元，在C银行的对公存款中保持同业首位；创造中间业务收入1400万元，国际业务结算量9亿美元。

创新启示

1. 及时与人民银行沟通，争得业务先机

紧跟跨境资金池新政，积极与当地人民银行就跨境人民币资金集中

运营业务政策进行沟通，定位目标客户后，通过与人民银行的积极沟通进行企业备案及报批，争取业务先机。

2. 积极推动人民币资金池业务营销推广工作

全面了解当地市场情况，加强前期客户梳理与筛选、准确定位目标客户，通过 C 银行总分支行多级多轮联动营销，上门与客户沟通，熟悉银行系统，提高营销竞争力，争取成为落地资金池业务的唯一合作银行。

第十篇

电子银行业务创新

互联网金融创新

——"三大平台"和支付产品线

创新背景

A 银行自成立之日起就确立了"科技兴行"战略,在国内同业中率先实现了数据大集中,从 2000 年起建立以网上银行为主体的电子银行体系,目前已经是国内最大的互联网银行。面对每一次科技进步和市场变革,A 银行都在加快改革步伐。在当下的"互联网+"时代,A 银行加快电子银行业务创新、发展互联网金融是因时而变、因需而变的必然选择。

1. 互联网和大数据技术改变了客户的交易习惯

互联网金融服务具有尊重客户体验、强调交互式营销、主张开放平台的特点。互联网企业通过多样的技术方案和营销策略争取消费者的青睐,对商业银行固有的观念、文化、经营模式形成冲击。互联网金融的消费者掌握了信息的主动权,他们主动寻找符合自己需求的产品,传统的银行和客户的关系正在改变,所以 A 银行必须要根据互联网金融模式的变化而积极创新求变。

2. 互联网金融企业正在挑战银行传统经营模式

互联网企业与金融"相遇"之后,借助大数据、云计算、社交网络和搜索引擎等技术优势,掌握客户的商品流、资金流、信息流,并延伸到银行支付、存款、融资等核心业务领域，打破传统金融行业的界限和竞争格局，对商业银行的中介功能产生全面冲击。

（1）对存款业务的挑战。与银行相比，互联网金融企业在市场准入、监管要求上受到的约束更少，借机推出了一批低门槛、随用随取、连通消费的资产服务类产品，吸引了大量不满足银行理财产品要求的"长尾客户"，分流银行存款。

（2）对支付业务的挑战。互联网虚拟账户现有功能与银行账户功能十分接近，并且互联网支付正试图摆脱对商业银行的依赖，形成自己的支付闭环，对银行的支付中介地位产生冲击。

（3）对信息资源的挑战。互联网金融企业主要竞争优势在于掌握了商户和客户的经营、消费核心信息，并运用大数据技术从中挖掘交易机会。由于互联网时代商户、客户交易行为的改变，原本由银行掌握的信息被电商平台、网贷平台监测和运用。今后，随着更多传统企业向电商企业转型，银行信息脱媒的压力越来越大。

面对客户行为和市场环境的深刻变化，A银行锐意进取，利用自身强大的信用优势、科技优势和渠道优势，以开放的心态拥抱互联网金融的变革，加快互联网金融业务发展的步伐。

2015年，A银行在国内率先发布互联网金融品牌，以"金融为本、创新为魂、互联为器"构筑起覆盖和贯通金融服务、电子商务、社交生活的互联网金融整体架构，以大银行的新业态、新生态，为促进实体经济提质增效增添新动力，为推动自身经营转型提供新引擎。

创新要点

A银行围绕互联网战略，加快电子银行从做产品向做客户转型，从做功能向做场景转型，从做渠道向做平台转型，构建"三大平台"和支付产品线，全面推进互联网金融业务发展。

1. "网购"电子商务平台

网购平台于2014年正式对外营业，以"名商、名品、名店"定位，通过平台聚合客户和商户、链接交易与融资、提升客户的黏性与活跃度，使金融服务更具效率与价值。业务领域包含 B2C、B2B，并创造了 B2G（企业与政府采购），提供的商品和服务从日常消费品拓展到地产、旅游、汽车、房地产、教育、集中采购等领域。在开辟国内市场的同时，网购积极进军跨境电商领域，已开设跨境馆 8 家。2015 年，网购 B2C 客户数已超过 3000 万人，交易额突破 8000 亿元。

2. "网行"开放式网络银行平台

2015 年 11 月，通过拆除"围墙"，A 银行手机银行全面升级为网行移动端，实现业务开放、客户开放、平台开放，并在用户体验、功能设计、营销推广等方面融会简洁、智慧、社交等互联网思维，A 银行与其他商业银行客户均可以轻松登录平台办理业务，极大提升服务的便捷性和覆盖面。同时"网行"的开放化改造正在进行，未来将实现整个网络银行平台的全面开放。2015 年，"网行"移动端客户突破 1.9 亿户，在易观智库、北京腾云天下和《华夏时报》等国内权威数据分析机构及媒体发布的公开测评中，市场份额、用户黏性和用户数等方面均位居行业首位，领跑国内移动金融市场。

3. "网联"即时通信平台

通过建立一个银行与企业、银行与客户、银行内部的即时信息沟通平台，"网联"让每一位普通客户都能拥有自己的客户经理，并随时随地把客户经理带在身边，平等便捷地获取信息和服务。A 银行不断优化产品功能，将其打造成信息丰富、交互及时、安全可靠的社交型金融服务平台。2015 年，"网联"用户突破 500 万户。

4. 支付产品线

在支付领域，A 银行推出具有小额、便捷特色的"e 支付"。研发一键支付、转账支付并注册等功能，简化用户注册及支付流程，加强商户营销，实现支付业务高速发展。2015 年，网上支付客户数同比增长超过 1 倍，交易额超过 2000 亿元。

创新启示

A 银行从近年来电子银行业务创新过程中得出以下启示：一是互联网金融的本质是金融，A 银行发展互联网金融最终的、最核心的是实现商品流、信息流、资金流"三流合一"，做大做强金融业务。二是"三大平台"的核心属性是以客户为中心，银行必须树立强烈的客户意识，建立平等的客户关系，不断创新产品和服务，从而提升客户体验。目前，"三大平台"对传统金融业务的带动效应和对新客户的引流作用开始显现，为全行发展转型提供新的动力，并更好地服务于实体经济转型升级和"大众创业、万众创新"的时代需求。

"网购"平台促进了单一金融服务向综合化服务的延伸，帮助客户改变了销售模式甚至生产模式，创新了金融与商业相融合的新型客户关系。A 银行联合 20 多家房地产公司打造的"线上选房、线上按揭、线上支付"业务模式广受欢迎，以农产品和旅游为突破口的"电政合作"为政府推动"互联网 + 转型"提供了平台，短短 2 个月，为大理销售旅游产品 4 亿元。与全球最大的建筑企业中国建筑合作探索的 B2G 采购业务已经上线，与之配套的"三流合一"、系统直驱、无须人工干预的全线上贷款业务成功突破，未来面向建筑行业的开放式服务将创造万亿元级支付业务和千亿元级融资机会。与新疆生产建设兵团合作的线上棉麻销售预计会达到百亿元交易额。"网购"平台提供了新的获客渠道，存量客户黏性大幅增强，新用户拓展效果明显，目前有 40% 的 B2C 商户和 50% 的 B2B 商户是 A 银行新客户。

"网行"平台突出开放化、智能化、个性化理念，广泛运用大数据分析等前沿技术，打造贴近生活、富有生命的"智·惠"金融服务平台。2015 年，"网行"移动端用户数同比增长 83.3%，交易额同比增长 1 倍以上，并在权威财经媒体和讯网开展的 9 家主流银行手机银行测评中拔得头筹。

"网联"平台自 2014 年上线以来，经过数次版本更新，其功能由简单的信息沟通发展到图文交互、金融服务和内部办公，用户数的月复合增长率更是高达 47.5%。"网联"正逐渐成为 A 银行客户经理营销客户、维护客户关系的利器，是客户"随身携带的客户经理"。

面向未来，A 银行将积极打造一个以平台战略为牵引、以智能金融服务为重点、以线上线下交互为特色、以大数据全面应用为支撑的金融服务新模式。同时还将利用自身技术和平台，帮助广大企业实现"互联网+"，与各类企业平台实现互联互通，为广大消费者提供更具效率、更富价值的金融服务；愿意自觉接受社会监督，与各方携手共同打造健康良性、包容开放、生机蓬勃的互联网金融生态。

| 案例 48 |

以善融商务为发展引擎 带动中心
业务共同发展

创新背景

J行S支行所在地区位于我国东南沿海，高速公路、高铁都未开通，交通非常落后，长期以来难以吸引外部投资和企业入驻，工业基础十分薄弱，是省政府扶贫开发工作重点县之一。全县规模以上企业只有百余家，八成以上劳动力从事食用菌生产经营，能形成一定产业集群的主要是入驻当地食用菌市场或生产加工基地的企业和个体户，他们成为当地多家金融机构争夺的主要客户。

闭塞的交通与落后的观念使S支行在存款、贷款、中间业务以及员工收入等各项指标上长期处于上级行排名的末位。通过观念的转变与认识的提升，特别是善融商务这一创新中间业务领域孜孜不倦的探索与推进，S支行仅用两年的时间就实现了业务质的飞跃，各项指标在系统及同业均名列前茅。

创新要点

善融商务平台的推出让J银行成为银行系电商的首个试水者，这一具有划时代意义的战略决策也给S支行带来了前所未有的发展机遇。该行在业务推进中清晰地感觉到，如果能将善融商务与县域经济特点结合起来，探索出一条转型发展的新路，就有可能在网点、人员都不占优势的情况下实现逆转，领先同业。因此，支行上下迅速行动起来。

1. 统一思想，群策群力

一项崭新业务，尤其是从未涉足过的跨界业务的铺开需要一定的磨合期，只有心往一处想、劲往一处使，善融商务业务发展才能见实效，在落后的县域更是如此。因此，S支行一方面认真贯彻落实总行、省分行的工作要求及政策要点；另一方面在各类会议上不断强调善融商务的重要性，推动各业务条线挖掘善融商务与自身工作的契合点，使全行员工认识到该项业务对促进全行中心工作发展的深远意义。通过统一认识，缩短新业务推动的磨合期，调动员工营销的积极性，为业务拓展打下坚实的基础。

2. 组织保证，资源倾斜

良好的组织与完善的考核机制是保证业务顺利推进的基础。S支行成立了善融商务业务拓展领导小组，负责辖内业务的整体推动与实施，并结合区域特点组建了支行业务部、营业部、个贷中心、支行专柜等6个电商责任团队，将业务发展目标落实至团队和个人，形成全行协同营销的局面，并通过定期通报进度、召开业务落实汇报会等方式，营造"你追我赶"的营销氛围。同时，支行还抽调各业务部门的骨干组建了涵盖电商营销、材料申报、认证发布、售后服务等全流程分工联动协作团队，为业务实施提供保障。

与此同时，该支行结合善融商务的特点，采取了灵活、科学的资源配置方法：一方面针对业务发展的不同环节，采取分阶段埋单，鼓励员工做好商户的全流程服务；另一方面通过集中全行绩效进行二次埋单和追加埋单等资源倾斜，鼓励员工拓展优质行外、他行客户，不断夯实客户基础。此外，支行还专门配置了专项费用，用于善融营销活动中的商户补贴和宣传推广，致力提升营销活动效果。

3. 强化内功，厉兵秣马

"工欲善其事，必先利其器"，作为电子商务领域的初学者，要更好地实现跨界业务的探索就要不断充实自我，快速提升自身能力水平。支行通过专题动员会议，鼓励全行员工主动学习相关业务知识，并举办多期业务知识培训会，分享业务营销成功经验及做法，促进全体员工业务水平的提升。支行还聘请外部师资为员工进行授课，提升员工对电子商务的感性认识。同时，对于业务发展贡献突出的个人给予相应的物质奖励与精神奖励，通过树立榜样引导越来越多的员工成为既懂金融又懂电商的复合型专业人才。

4. 明晰主线，讲求方法

在业务发展过程中，支行紧密围绕着"抓优质客户、促动户交易、配融资服务"这三大业务主线，并以此推动着客户、存款、贷款等中心业务的同步发展。

在商户拓展上，该行将营销重点锁定在行外、他行客户和已在其他电商平台开展经营的客户。一是"锅外找米"拓市场。在阿里巴巴、天猫、京东等知名电商平台中筛选出当地行外电商客户，作为目标客户开展营销。二是行业驱动、批量拓展。通过与当地食用菌产业局、食用菌协会、电子商务协会联合举办推介会、沙龙等方式收集客户信息，通过名单制管理进行逐户落实，拓展了大量的行外省市级龙头企业和重点客户。三是典型带动促发展。对于当地电商领军者以及天猫的知名电商企业，客户经理实施重点突破，多次上门为客户讲解善融商务的优势与特点，使客户逐渐接受，提出入驻申请，支行随后及时跟进商户售后服务和销售推进，赢得了商户的信赖。支行也得以借助商户的市场影响力，成功营销其他客户入驻善融商务，扩大了业务规模。

在平台经营上，该行充分借助食用菌产业局、食用菌协会资源，搭建并完善与企业的沟通渠道。同时，组织商户开展食用菌系列专场营销活动，促进商户销售，提升其主动经营意愿。此外，支行还充分利用线上、线下渠道，全方位宣传善融商务，扩大影响力。商户规模和交易量的不断扩大也为业务的后续推进创造了良好的条件。

在融资服务上，采取"两步走"的推动方式。首先选取重点商户实现在线融资破冰，并促进相关人员了解和掌握善融商务业务流程。在此基础之上，将更多的优质商户纳入融资服务目标范围，通过满足其日常经营资金需求，不断提升客户黏性。

在售后服务上，坚持做好商户日常服务、回访、联系工作，及时收集、了解客户需求信息，安排人员上门辅导解决，不断提升客户满意度。

创新启示

在当今银行服务同质化的大背景下，S支行依托善融商务"亦商亦融"的特色，带动客户、存款、贷款、信用卡、电子银行等各项业务综合发展，挖掘到更多的业务发展机会，实现了协作共赢。

1. 对客户的带动

利用善融商务，支行仅用两年的时间就扭转了对公客户拓展方面的不利局面，打了一场漂亮的翻身仗。目前该行发展的善融商户中行外的客户占比高达91%，居全省县级支行首位。行外商户的有效拓展也带动了全行对公客户的突破性增长，全县规模以上企业中属于J行的客户从原先的10户上升到了85户，占比从9.4%提升至80.2%。对公账户从2011年的318户增长到2013年的877户，两年实现翻倍增长。

2. 对存款的带动

客户基础是存款增长的源头。在对存款的拉动中，善融商务作为引子把商户以及其上下游企业先引入J行，继而支行就会通过其他各类金融产品的"组合拳"共同发挥作用，吸存稳存。截至2014年8月，支行发展的行外客户所带来的存款当年新增额已接近1700万元，这一效果随着善融商务的推进还在持续放大。更为关键的是，善融商务的推广使支行更深层次地介入商户日常经营和销售环节，依靠引导客户利用平台进行日常交易的清算，通过营销活动扩大客户销售规模等方式，改变了以往食用菌交易只能通过线下及乡镇银行网点进行的传统格局，催生了新的交易模式。强有力的带动作用也促进了客户存款从他行转入J行，并在体内进行循环。2014年上半年，支行一般性对公存款达4.08

亿元，较 2012 年新增 4762 万元；储蓄存款余额 8.57 亿元，比 2012 年年末新增 1.8 亿元。

3. 对贷款的带动

支行通过对入驻商户的筛选，向其推荐"网络循环贷"和"善融贷"等融资产品，并结合融资产品特点引导商户将其他电商平台及线下交易迁移到善融平台，实现了客户贷款需求和支行存贷款增加的双赢目标。截至 2013 年年底，支行小企业贷款客户从 2011 年的 16 户增加到 49 户；个人贷款客户也由 2011 年年底的 464 户增加到 689 户，对公及个人贷款新增幅度均列当地行业第 1 位。

4. 对其他产品的综合带动

善融商务综合带动了该行其他产品的营销和发展，增强了该行的经营实力。2013 年，支行新增个人账户 9886 户，其中 60% 来自于乡镇的食用菌种植户；信用卡当年净新增 4046 张，是 2012 年的 2.7 倍，增幅居同业第 1 位；针对商户经营业主的专项分期业务快速增长，全年专项分期交易额为 5587 万元，是 2012 年的 10 倍，增幅居同业第 1 位；手机银行活跃客户数与交易额分别达到 3781 户与 30.8 亿元，分别是 2012 年的 7.75 倍和 7.46 倍。中间业务收入居当地行业第 1 位，支行 KPI 考核指标从原来长期处于下游的位置上升到第 4 位，员工收入从上级行末位上升到前 3 名。与此同时，支行还被评为省级文明单位。

"以农为本"的县域金融本不是 J 银行的强项，当地支行正是充分发挥了善融商务电商平台的作用，才得以在强手如林的同业竞争中脱颖而出，并在短短一年多的时间里开创了业务发展的新局面。"今天，如果不是善融商务，我们可能还没找到出路；明天，如果不靠善融商务，我们可能真的会无商可务。"这是支行全体员工发自内心深处的共鸣。

发布手机银行4.0　推动移动金融战略创新

2015年11月，C银行全新发布手机银行4.0版本，以实时互联、智能服务、自然交互为核心能力，实现在体系架构、功能创新、用户体验等方面的跨越式发展，迈出了从交易型App向基于集中运营的自服务、自销售平台转变的第一步，是C银行移动金融战略创新的重大实践。

创新背景

在移动互联时代的"因您而变"，既要把握"技术创新"的机遇，更要认清"服务升级"的本质。手机银行1.0时，C银行在业内第一个提出不登录也能使用的手机银行；2.0时，C银行率先尝试构建移动金融生活一站式平台；3.0时，C银行以用户视角重构产品，突出极简工具的特点，发布了"一闪通"，探索不受时间、地点限制的线上线下一体化综合移动金融服务。

未来3年，手机银行面临重大的战略发展机遇，也面临着诸多严峻的挑战。手机银行4.0打破原有的"将线下业务简单投射到移动互联网"的发展模式，聚焦"平台、开放、场景、生态"发展方向，持续创新，不断突破，以强化C银行零售居前和最活跃的流量入口地位，为零售金融的轻型获客与经营提供全新的解决方案。

创新要点

以平台视角、开放的心态，利用"场景融合"做出最能够击中客户痛点的产品，并以此携手众多志同道合者构建共同发展的生态，这正是移动互联网的核心精神和发展路径。

1. 平台

移动互联网平台的商业模式得以实现的关键是，整合资源，实现对用户长期高忠诚度的黏性，把这种黏性转化成为规模性的流量，然后将流量变现。手机银行 4.0 将众多单点、零散的功能片段按照用户对于金融最本源的诉求——存（理财）贷汇，整合成自场景，推动手机银行从交易型 App 向基于集中运营的自服务、自销售平台转变，实现手机银行由工具向平台的跨越与转型。用户通过平台查阅资讯和产品、办理业务，与银行进行互动，通过集中运营在各功能与产品之间相互引导、交叉销售，使手机银行 4.0 实现流量引入、经营和变现，让流量产生最大的价值。

2. 开放

手机银行 4.0 正式启用"一网通"统一开放用户体系，简单注册、便捷使用，加快流量导入和平台获客。C 银行旗下的各大平台，包括手机银行、网上银行、掌上生活等不再限定 C 银行卡持卡人，而是面向多家银行的持卡人开放注册，支持多家银行借记卡、信用卡。客户可以轻松通行 C 银行旗下的各大平台，在任何一个平台注册的用户、添加的关联卡，可在其他平台共享使用，真正实现"轻账户、全网通"。

3. 场景

在很多场景下，用户会有明确的行为目标，一旦启动手机 App，碎片化的时间就足以完成他随时想起要做的事情，即当用户产生学习、探索、观看、查找或购买意愿时，习惯于通过移动设备达到目的、满足需求。手机银行 4.0 将众多单点、零散的功能片段按照用户存（理财）贷汇的基本要求，整合成自场景。依托 C 银行专业的理财顾问团队与移动互联网思维，全新打造集资讯、权威观点、个性化解读、产品精选、在线理财顾问（购买）和售后服务于一体的手机银行全流程财富管理服务，真正让客户感受到专业的理财服务。

4. 生态

解决用户的多元化需求和企业资源有限之间的矛盾，是这场时代变革中每个参与者走向开放、共享的驱动力。平台商业模式的精髓，在于打造一个完善的、成长潜能强大的"生态圈"。C 银行"一闪通"实现了不受时间、地点限制的线上线下一体化的综合移动金融服务，拉动了整个产业链的通力合作。C 银行与"滴滴出行"的跨界合作，以更炫酷、更科技感的支付方式，服务更广泛的客户和场景，做到"客户服务，如影随形"。

创新启示

打造技术领先型银行一直是 C 行的发展目标与立足基础。手机银行 4.0 紧跟科技潮流，探索多项新技术，为用户提供了多项贴心便捷服务。手机银行 4.0 iPhone 版支持 IOS 9.0 系统 3D Touch 技术，为用户提供方便快捷的悬浮菜单，并且支持 Spotlight 通用搜索功能，给用户带来更舒适便捷的操作体验。

在为用户提供更多便捷服务的同时，手机银行 4.0 还注重改善提升自身的系统架构和研发模式，采用时下最热门的"微服务"理念，极大限度降低了手机银行系统的耦合度，实现敏捷开发，使得手机银行功能、规模扩展更加便捷迅速。手机银行 4.0 采用自动化部署技术，将大量手工操作改为自动操作，极大地减少了上线的工作量，同时避免了手动操作失误引发事故的情况，并且支持多台服务器并行发布，进一步节省人力，使得银行可以将更多的人力投入手机银行新功能的研发中。

现代设计理念强调以用户为中心，以创建具有吸引力、高效的用户体验。在界面设计中，视觉设计师为浏览者创造了简明直观、令人愉悦的视觉体验，而这种体验是一种基于创新应用和审美价值上的视觉感官体验。手机银行4.0"让细节说话",针对每一个接触点,依据客户交互系统的应用规则,在可用性和易用性方面得到满足的情况下,不仅满足信息传播上的要求,还从视觉体验的角度深层次发掘出界面的简约之美。手机银行4.0的设计使界面变得简洁而美观,简约而不简单,带来视觉感受上的精致感与愉悦感。

为广大消费者提供无处不在的卓越金融服务,让金融服务更有温度,是手机银行所执着的信仰。进化之门刚刚打开,进化之路永无止境,让我们期待未来更多的精彩。

| 案例 50 |

创新互联网金融服务平台

创新背景

S 银行坚持"以客户为中心"的经营思想，积极运用数字化理念和技术打造集团统一的互联网金融服务平台（以下简称"S 平台"），全面提升"互联网＋"时代下的经营模式。目前，"S 平台"已经完成支付、融资、账户、理财、社交等所有零售银行业务的数字化改造，为客户提供全程在线、触手可及的银行服务。

1. 网络支付

在网络支付方面，"S 平台"为零售用户提供"安全、新潮、通达"的在线支付和资金汇划服务，使交易变得更加简单和便捷。其主要特性如下。

（1）安全。根据客户对风险偏好的不同，"S 平台"提供网关支付和快捷支付双通道支付服务，严格确保支付过程的安全。大额交易多重认证、小额交易快捷支付，还提供动态密码、U－KEY 等多维度的身份验证，使客户在网络虚拟环境也能"验明正身"，安全性与便捷性之间不再矛盾。7×24 小时的在线监控还能实时堵截异常交易，为交易全程护航。

（2）新潮。"S 平台"率先将智能手机的声波、二维码、NFC 等技术融合到支付服务中，客户通过智能手机"拍一拍""听一听""闪一闪"的方式即可完成支付,为客户带来全新的移动支付体验。"拍一拍"支付指的是收付款双方通过手机二维码扫描进行汇款,使得二维码不仅是一个符号,还可以是账户名片;"听一听"支付指的是付款人打开手机"听一听"收款人手机发出的声波,即可完成面对面支付;"闪一闪"支付指的是使用 S 银行 NFC 手机非接触的"闪一闪",即可在全国具有银联"Quick Pass"标识的闪付 POS 机上完成刷卡,该支付功能还独家支持上海地铁应用,可以在上海地铁全部线路乘坐使用。此外,"微信好友汇"让客户选择好友微信号即可转账,像与好友聊天一样轻松,利用微信银行和手机银行还可以在 S 银行全国任意 ATM 机上进行无卡预约取款,只要一部手机,无卡照样行天下。

(3) 通达。客户在 7×24 小时内"一机、一键、一秒"就能轻松搞定支付汇划,资金可快速汇达全球 200 多个国家和地区,364 万个合作网点。

2. 网络融资

在网络融资方面,针对小微企业客户的经营性融资需求和个人客户的消费信贷需求,"S 平台"突破传统的抵押贷款模式,利用大数据技术实现"数据—信用—资金"的贯通,创新了涵盖企业、小微业主、个人全类型客户的全程在线大数据网络融资服务,通过小微企业经营数据和个人信用积累即可实时完成信贷审批和放款。

(1) 为个人客户提供独具特色的"S 银点贷"服务,采用"纯信用、全线上、无须纸质资料、实时审批放款"的业务模式。客户可以通过 S 银行的手机银行客户端、微信银行、网上银行、远程智能银行等全电子渠道随时随地办理。符合条件的客户从申请到放款全流程在 1 分钟可完成,最高可贷 30 万元,最长可贷 1 年。未来还会通过与外部互联网企业的合作,融入各类客户随时、随地发生的互联网消费支付场景中。

(2) 推出了以小微企业经营数据为基础的"S 银快贷"互联网经营性贷款服务,小微企业凭借 POS 机经营数据信息,即可在线实时便捷地完成贷款申请、审查、授信全流程。

3. 网络账户

在网络账户方面，"S 平台"以更加安全和便捷为目标，消除了用户享受金融服务的"第一道门槛"。互联网用户通过一部智能手机，即可通过"S 平台"的手机银行、微信银行等入口，或者通过中国移动、热门社交公众账号等合作方渠道，凭借基本信息，简单、便捷地在线开立银行电子账户，获取 S 银行提供的货币基金、银行理财、贵金属等专属金融产品。"S 平台"还将 4G、人脸识别等技术创新应用到在线开户中，在提高客户体验的同时，能够更加精准地甄别客户身份，确保账户安全。

同时，"S 平台"以"零距离、零障碍、零成本"的理念，进一步降低和节省客户获取金融服务的时间成本和经济成本。"零距离"指的是客户随时随地通过手机，在只要有网络信号的地方，就可以分分秒秒完成在线开户；"零障碍"指的是客户只要持有任意一张他行银行卡，即可通过 S 银行的手机银行 App 或者 S 银行官方微信号签约开立 S 银行直销银行电子账户，体验和获取 S 银行提供的账户管理、投资理财等服务，将互联网用户获取优质金融服务的门槛降到了最低；"零成本"指的是 S 银行为客户提供免费的账户管理服务、免费的 App 使用服务、免费的全电子渠道实现本行和跨行资金汇划服务，让客户获取金融服务的便利性和经济性"鱼和熊掌兼得"。

4. 网络理财

在网络理财方面，"S 平台"面向普通大众客户、专业理财客户两大风险承受能力和资金流动性偏好各不相同的群体，提供集"小白理财""行家理财"于一体的互联网理财服务。

（1）为金融"小白"客户提供的"惠理财"系列服务，具有低门槛、高流动、快速度等特点。"普发宝"产品一元起购、日日复利，交易零手续费、随时可申赎；"天添盈"闪电理财，一秒即可完成申购或赎回，T＋0 起息、T＋1 日即可赎回，是兼顾大额理财流动性和收益性的理想之选。

（2）为金融"行家"客户提供的"专理财"系列服务，具有种类全、操作简易等特点。"S平台"为专业投资者提供的理财种类极为丰富，包括了银行理财、黄金、基金、信托、结购汇、银证银期、账户商品等；通过微信银行、手机银行等移动端，在任意"碎片化"时间内即可轻松打理。

5. 网络社区

在网络社区方面，"S平台"将金融服务无形地融入客户的朋友圈和生活圈，微信银行、智能客服、移动营销2.0等通过互动、分享的方式为用户提供金融与生活一体化服务。

"朋友圈"指的是"S平台"创新推出的微信银行服务，充分与互联网用户最高频发生的微信社交行为相结合，让银行成为客户朋友圈的一员。7×24小时的微信智能客服，让银行服务时刻相伴，智能快速地为客户提供咨询和解答，通过微信银行关注或成功购买的财富管理产品都可以一键分享至社交软件，与好友分享轻松理财之旅。独创了用户与理财经理能够实时互动的移动营销2.0服务，客户可以一键发送理财、融资等需求，"S平台"根据用户手机的地理定位，实时寻找和匹配周围最近的理财经理，随时、随地为用户提供互动式的私人定制式理财规划服务。

"生活圈"指的是"S平台"在移动端和PC端都采用开放式货架，客户无须登录即可查询所有在售的金融类产品；此外，创新推出的"××生活商城"提供衣、食、住、行样样精通的非金融类产品；客户使用"S平台"平台各项服务还可以获得"S银金豆"奖励，可以兑换生活相关的各类增值服务。

创新要点

"S平台"推出了多项创新服务，具体创新点如下。

1. 利用互联网开展全流程在线客户服务

"S平台"借助互联网、智能终端、在线客服、生物识别、音视频等技术，互联网用户可随时、随地在线开户成为S银行的客户，获取种类丰富的专属理财、贵金属、信贷等金融产品。S 银行在线客服还可与客户进行更"短、平、快"的在线互动与交流，提升用户体验。

2. 创新数字化经营模式

运用互联网思维和技术，加强大数据挖掘和应用，对 S 银行体系内沉淀的客户行为数据进行挖掘分析，与外部第三方数据加强共享对接，精准识别客户身份特征、潜在金融需求和风险特征，从而为个人用户提供智能化的理财、融资、支付等服务，并在线开展全流程风险监控。

3. 利用新技术创新信贷服务新模式

运用大数据技术突破传统的抵押式信贷模式，针对小微客户创新"S 银快贷"经营性信贷服务，针对个人客户创新"S 银点贷"消费信贷服务，实时申请、实时放款、随借随还，大幅降低了小微客户和个人消费者获取信贷支持的门槛，提高了融资效率。

4. 打破金融服务围栏，创新跨界金融

一方面将产品深度嵌入合作方的流程，为用户提供场景化服务；另一方面通过与合作方的数据共享，为更广泛的互联网用户提供快速办卡审批、账户授信、精准营销等服务。

5. 升级 O2O 服务内涵

在传统的 O2O 服务下，用户在线预约后还需到网点办理业务。"S 平台"则可通过手机随时连接理财经理或在线理财专家，获取专业的金融帮助，完成业务办理，让 O2O 真正"所见即所得"。

创新启示

1. 理念引导

遵循未来金融"场景触发业务""业务产生数据""数据驱动场景"的内生循环规律，推进传统金融数字化经营的重要战略部署。

2. 策略规划

平台定位为 S 银行集团统一的互联网金融服务平台，围绕"集团协同化、信息驱动化、服务一体化、业务场景化、发展生态化"的发

展策略，有效整合集团项下银行、信托、基金、租赁等多种业态，实现了深层次的客户共享、产品互通、系统互联。

3. 技术引领

以大数据、云计算、移动互联为突出代表的三大互联网技术的成熟与进步，给金融服务带来了全新的生产力。大数据技术通过对各种用户行为数据的积累、搜索、采集、分析和自动集成，可以帮助商业银行更加有效地了解客户需求和行为习惯，有助于金融机构更为精准地开展产品创新、流程优化、定向营销，为风险控制提供系统化的技术支撑，让商业银行为客户提供更加智能化的服务成为可能。云计算提供了更高效的数据存储和处理能力，使商业银行能够更为迅速地开展技术研发、产品创新和客户服务。移动互联网的普及，更是让商业银行与用户的距离趋近于零，在任意时间、任意地点获取金融服务已经成为现实。

| 案例 51 |

打造开放式社会化媒体营销创新平台

——"云营销 Club"

C 银行作为中国银行业数字化改革的排头兵,其开放式社会化营销媒体创新平台"云营销 Club"采用互联网资源整合思维,运用"互联网 + 金融"手段,推动全行建立社会化媒体营销体系,大幅降低员工营销门槛,简化营销操作,降低营销成本,同时将品牌宣传、产品推广、信息追踪、数据分析、MGM 营销、权益管理等功能集中于一身,是中国银行业社会化媒体营销领域的重大突破与创新。

创新背景

近年来,C 银行总分行通过微信、微博等自媒体渠道,利用社会化网络广泛开展营销与传播,在一定程度上解决了银行因机构层级繁多而导致的信息传达失真衰减、营销时效低等问题。但由于缺乏有力的系统支撑,受到自媒体渠道的营销投入与产出始终无法量化、指标无法挂钩、奖励不到人、营销动力缺乏等现实的挑战,无法实现移动社交营销应有的营销效果。为充分发挥移动互联网社交媒体高速聚众优势,有效提高社交媒体营销成效,解决银行社交媒体营销工作效率低、管理不足、自媒体营销积极性低等问题,C 银行电子银行部自主搭建了社交媒体营销平台——"云营销 Club",建立全行统一的常态化自媒体营销环境,动员员工和客户利用碎片化时间和社交网络资源,在全国范围内推进在线营销。

创新要点

1. 平台简介

"云营销 Club"是全行统一的开放式社交自媒体营销平台，提供员工端、管理端双端口登录方式。在员工端，员工自助注册，平台自动分配自媒体营销 ID。总行各部门和分行均可以利用 H5 DIY 工具自行制作并在平台上以营销任务形式投放营销内容。除了行内员工本人，客户也可以参与自媒体营销，还可以进一步推荐客户参与自媒体营销。参与自媒体营销的员工和客户随时通过微信直接登录，获取自媒体营销任务信息，一键转发营销内容到朋友圈和群，建立利用碎片化时间开展自媒体营销的良好习惯。后台实时记录自媒体营销推荐信息，追踪营销和客户行为轨迹数据，展示推荐和营销绩效，反馈相应积星奖励，实时兑换丰富权益，提高自媒体营销积极性和营销成效。"云营销 Club"社交媒体营销平台具有五大特色。

（1）一目了然、一键转发。所有自媒体宣传、营销活动推广任务排列清晰，优先等级有效区分，自动提示尚未转发任务，一目了然，一键转发到微信朋友圈和群，只需碎片化时间的随手之劳。活动细则一键展示，所有自媒体营销工作信息尽在掌中，不再失漏遗忘。

（2）精准统计。利用社交媒体分析技术，精准追踪统计分析推荐的关联信息、自媒体营销发起动作、受众行为轨迹（包括 PV、UV、震荡转发、震荡转发页面 PV、UV、受众信息）和业务转化（包括拉新、活跃）业绩，实时反馈个人推荐和营销绩效，为精准考核和激励提供扎实的数据。

（3）高效管理。基于精准的营销行为和业绩数据，结合社交媒体分析技术和大数据应用，分析总结员工和客户推荐的自媒体营销绩效，通过多样细致的管理报表，分析优化营销内容和促销模式，强化银行总分支行各层级的自媒体营销工作管理，即时考核各业务层级、单元、和人员营销成效，提高管理即时性、准确性和效率。

（4）细致奖励、物质挂钩。除了考核之外，"云营销 Club"依据精准的营销行为和业绩统计数据，基于弹性设置的奖励规则，细致实时地以不同积星比数奖励不同的营销任务和不同的营销行为。星级可以累积并随时在线自助等值兑换成包括手机充值卡、亚马逊现金券、加油卡等丰富物质权益，也可以自用或赠予亲友，真正落实有效个人激励，实现自媒体营销动力最大化。

（5）业务条线（LOB）和地方性特色营销。通过 H5 DIY 工具，总行各业务条线部门和分行均可以自行制作特色营销的内容，在平台上以营销任务形式投放，限定开放辖内员工和客户开展自媒体营销，自主管理特色营销绩效和考核，同时可以弹性定义差异化自媒体营销奖励规则，调配辖内营销预算，以额外积星比数奖励指定特色营销任务的指定营销行为，强化业务条线和地方性特色营销成效。

2. 平台目标

C 银行希望依托"云营销 Club"平台，一是简化营销操作。通过技术手段降低员工自媒体营销门槛，培养全行员工在碎片化时间发起自媒体营销的习惯。二是体现营销价值。通过网络精准统计营销业绩，统一营销权益发放途径，从而加强各级机构管理效率，提升业绩激励成效。三是拓宽营销外延。探索获客模式，利用社交网络实现从员工推荐产品向客户推荐客户的转型。

（1）发挥移动社交媒体营销在碎片化、受众广、成本低、见效快方面的优势，提高对品牌的传播和对各业务条线服务的营销。

（2）动员全行员工并推荐客户在个人社交媒体页面中开展社交自媒体营销，利用口碑营销优势，放大品牌和服务宣传覆盖范围和成效。

（3）优化社交媒体营销投放和传播流程，降低各部门制作发布营销内容门槛，简化自媒体传播操作，建立全行员工和客户利用碎片化时间开展自媒体营销的习惯。

（4）精准统计自媒体营销和受众行为轨迹，追踪业务转化业绩，实时反馈个人营销绩效，有效实现自我认知和提升。

（5）精准分析营销行为和业绩数据，客观总结员工和客户自媒体营销绩效，有效优化营销内容和促销模式，提高行内各级自媒体营销工作管理即时性、准确性和效率。

（6）将个人营销绩效和物质奖励直接挂钩，实时落实营销绩效奖励到人，真正达成有效激励、自媒体营销动力最大化。

创新启示

"云营销 Club"于 2015 年年底完成搭建并投产，首先在总行电子银行手机银行业务和行内员工范围内试运行。截至 2016 年 6 月末，已累计有数万名行内员工注册并参与自媒体营销。总行电子银行部共计投放数十个与手机银行相关的营销活动任务，营销任务点击量数达百万人次，获得潜在客户量近百万户，实际获客量达数十万户。同时，协同零售板块部署了多项营销任务，协助郑州、苏州、石家庄三家分行部署了多项属地化特色活动。

在 2016 年中国金融认证中心主办的"2016 金融业社会化营销大赛"中，C 银行的"云营销 Club"平台在网友投票环节中脱颖而出，具有极高的人气，并在基础数据、基础服务、客户服务、传播能力和营销能力五个方面更得到了专家评审的一致好评。经过综合考量和评比，最终"云营销 Club"平台以超过 50 万票稳居榜首，斩获"2016 金融业社会化营销最佳平台"奖项。

未来，C 银行将秉持对数字化金融的创新精神，进一步投入社交媒体营销的研发和推广，为金融行业社交媒体应用做出更具影响力的贡献。

| 案例 52 |

跨境电商新蓝海

——支付宝跨境支付产品创新

创新背景

2013 年，随着国内人均收入水平和居民消费需求的不断增长，国内海淘业务进入爆发式增长阶段，商品进口数量和交易总额迅速攀升，同时也对国内支付机构的跨境资金清算能力提出了巨大的挑战。

C 银行在与支付宝的业务交流过程中，对长期困扰支付宝的跨境支付业务引发高度关注。根据客户描述的信息和当前国内海淘业务的爆发式增长状况，并结合支付宝的业务基础与未来发展战略，C 银行判断跨境支付业务必将成为其未来五年的工作重心，与阿里巴巴合作是国际化的战略出海口。C 银行迅速成立了由总、分、支三级机构组成的联合工作小组，负责行内产品的研发与重点客户营销工作。

在产品建设方面，C 银行对支付宝自有业务模式进行了深入分析，发现了支付宝业务存在"小额、多笔、实时"的业务特性，该模式与现有银行的国际业务存在巨大差异，严重制约了其跨境海淘业务的规模化发展。为切实满足客户需求，C 银行与国家外管局及支付宝进行了多轮沟通，并按照客户原型进行定制化产品研发，最终于 2014 年 1 月上线了国内首套"全流程、线上化"跨境支付产品，可在全线上环境为国内海淘业务提供跨境资金清算服务。

在营销推动方面，在总、分、支三级银行的共同努力下，C 银行先后与支付宝展开了 20 余次的产品推介与客户营销工作，深入渗透支付宝各个业务部门，就业务产品与服务能力进行了详细讲解，并协助客户与国家外管局及人民银行进行了创新业务汇报，最终获得了客户认同，并以唯一一家股份制商业银行的身份成为支付宝四家跨境支付服务商之一。

创新要点

1. 研选优质客户，提前布局营销

在正式启动营销前，C 银行开展了细致的前期调研工作，发现了淘宝平台作为国内海淘及代购业务的发源地，已经形成较为成熟的业务场景和丰富的客户资源。但因政策限制，支付宝仅能提供人民币收单业务，客户资金的汇兑与划转均需通过客户自有渠道（银行柜台、地下钱庄）线下处理。该模式流程烦琐、风险较高，同时极大地制约了支付宝国际化的扩张速度。此外，支付宝 B2C 业务模式存在"小额、多笔、高成长"的业务特性，传统银行处理模式无法服务支付宝业务场景，尤其是在类似"双十一"等节日大促销期间，海量的交易集中爆发后，人工参与环节必将拖累整体运营效能，并产生灾难性的后果。

根据支付宝的业务特性与当前业务痛点，C 银行迅速制定了针对性业务解决方案。在产品功能上，C 银行提供了包括外汇牌价查询、监管申报到线上结售汇、收付汇在内的整体服务方案，实现了一点接入全流程覆盖的优质体验。在系统设计上，C 银行抛弃国内已有的"半手工、半线上"产品建设方案，以支付宝现有业务模型为参考，率先研发国内首套"全流程、线上化"跨境支付产品。

支付宝获悉 C 银行产品方案后给予高度评价，并当即表示：如能按期完成产品建设，支付宝将以 C 银行产品标准研发支付宝（国际）核心系统，并且要求其他合作银行统一参照 C 银行进行修改。

C 银行迅速投入了产品研发工作，在 7 个月内通过 8 次面谈调研，

132 次电话会议讨论，对产品涉及的 1417 条业务逻辑，4183 个业务字段进行逐一商洽确认，最终于 2013 年 11 月提前完成了国内首套"全流程、线上化"跨境支付产品的研发工作。

2. 深挖客户需求，分析行业未来，制定产品方案

为提升 C 银行交易占比，C 银行对支付宝展开了持续跟踪，重点跟进支付宝所有新增业务并率先提供解决方案。以牌价结算方式为例，前期支付宝业务规模较小，无法承担实时牌价带来的汇差损益，为解决支付宝这一困境，C 银行率先制定了线上一日一价结算方式，使支付宝可直接使用 C 银行价格对外公布，并在次日以此价格与 C 银行平盘，平抑了支付宝自身的汇差损益。随着支付宝交易规模的日趋稳定与逐步扩大，一日一价的固定结算模式已经无法满足客户的需求，C 银行又面向支付宝提供了一日多价、加权平均、即期锁汇在内的多种牌价结算方式，有效满足了支付宝在不同时段的结算需求，业务占比也获得了大幅提升。

3. 积极预判风险、紧抓客户需求、快速迭代升级、提升交易占比

在临近 2014 年"双十一"期间，为有效应对电商大促销期间"高限、高压、井喷"的市场环境，研判、优化跨境宝产品服务能力，杜绝和规避因交易规模激增而带来的业务风险，C 银行提前两个月自主启动了行内系统压力测试工作，并将测试结果按照处理效能、校验反馈、差错处理三个维度进行了评测分析，最终以分析报告形式反馈至支付宝。支付宝通过该报告对 C 银行产品进行分析梳理，并在极限服务能力与应急处理方案等环节提出了优化建议，完成了双方业务前期的风险测评与有效互动。根据支付宝提出的优化建议，C 银行在一个月内完成了紧急迭代，将原有系统处理效能从单包 20 万笔提升数倍，优化校验规则数十条，测试处理效能高于支付宝预测业务规模的两倍，为成功应对电商大促销日的交易提供了有力保障。

正是得益于前期的积极准备，在 2014 年"双十一"期间，面对超压、超限的市场环境，支付宝紧急将原有同业渠道交易全部迁移至 C 银行处理，凭借前期的积极准备，在一度承载支付宝 90% 以上交易体量的压力下，C 银行确保了支付宝在电商大促销期间的正常运营，也为同业争取了业务缓冲的时间，获得了客户的高度认可。

创新启示

通过三年的持续跟进服务与快速迭代优化，C 银行与支付宝跨境业务合作越发紧密，截至 2016 年 5 月，支付宝业务新增或优化产品功能 37 项，并多次在类似海淘业务向阳光跨境电商转型的关键节点中率先满足了客户需求，使 C 银行逐步成为支付宝创新业务的首选接洽行。与此同时，在不断跟进的过程中 C 银行业务占比也由最初的 20% 提升至 79.17%，成为支付宝最大的跨境支付服务提供商。

| 案例 53 |

同业综合金融资产交易平台

——"行 E 通"

"行 E 通"平台是 P 银行四大门户网站之一，截至 2016 年 7 月末，平台累计注册客户数达到 1186 户，2016 年平台交易量达到 2.7 万亿元，成为业内交易规模最大的综合金融资产交易平台。平台从同业业务的痛点出发，不断完善功能，现已形成"交易线上化、流程规范化、产品多样化、信息透明化和模式定制化"五方面的优势，并受到客户和市场的广泛青睐。

创新背景

长期以来，金融同业机构之间资产、资金的交易基本采取线下点对点的模式进行，原有的业务模式主要存在以下不足。

1. 信息不对称问题显著

目前各家同业机构之间均采用一对一询价的方式来传递产品信息，信息不对称问题显著，有时即使产品能满足其他机构的需求，但因为信息不公开，也无法完成业务，进而导致潜在客户挖掘能力不足，严重制约了金融产品的销售。

2. 规模不经济现象明显

线下交易沟通成本较高，特别是在协议签署环节，需要签署纸质协议并使用物理印章，手续烦琐，时效性低。随着业务量的增加，交易成本不降反升，规模不经济现象明显。

3. 操作风险大

同业机构在交易过程中，使用纸质协议、物理用印、手工台账管理以及人工清算等操作方式。一方面操作风险发生的概率较高，另一方面容易造成到期兑付遗漏等现象，导致资金运用和资金效益受到影响。

4. 管理成本高

线下交易大量采取手工操作，人工成本和交易成本较高。

5. 信息与数据管理难度大

线下交易不能及时采集交易数据，无法根据市场的变化和自身交易的实际及时调整产品设计和营销策略。

为了解决上述业务痛点，顺应互联网与金融融合发展的时代潮流，P银行金融同业事业部倾力打造了同业综合金融资产交易平台——"行E通"，该平台包括资产交易、产品管理、产品销售、客户管理、绩效管理、营销管理、数据管理、资讯和登记服务等功能。

创新要点

2015年，"行E通"平台上线了同业存放和同业天天盈理财两个产品，这两个产品是同业业务线上化创新的突出代表，其中线上同业存放更是业内首创。

"行E通"平台推出之前，位于某中部城市的农商行想要做一笔同业存放业务，需要在线下向各家银行逐一询价，通过手工用印、记账及清算，耗费大量的人力、物力，具体操作业务时，由于地处偏远地区，需要来回数个小时到P银行柜面进行业务操作。该行在"行E通"平台上交易同业存放业务后，实现了业务线上报价、线上操作、到期自动回款，同时还节约了交易成本，降低了操作风险。

正是如此，线上同业存放产品投产以来，受到客户的热捧，截至2016年7月末共实现交易量5006亿元。

同业天天盈产品购买T+0确认、赎回T+0到账的专属产品独具特色，可以让合作机构更充分利用自己的闲置资金，做好自身的现金流管理，产品投产以来，交易量不断攀升，截至 2016 年 7 月末销售量已达11716 亿元。

"行 E 通"平台不但解决了传统线下同业业务信息不对称、规模不经济、操作风险大、管理成本高和不便于信息和数据管理等问题，同时还将 P 银行以及各家同业机构最优秀的产品以最为便捷的方式传递给同业市场，满足客户个性化和多样化的投融资需求。

1. 交易线上化，业务流程规范化

"行 E 通"平台提供在线注册、在线用户管理、在线供应产品、在线投资交易、在线过户登记等功能。其中，平台上线的产品可以实现全流程线上化操作，相较之前的全线下化产品，设计更加合理，比如额度控制、交易控制、通用参数和可变参数等产品参数的设定，使产品更加便于管理。同时，"行 E 通"上线的产品有更加严格的合法、合规性要求，操作人员须按照事先设定好的标准化流程进行操作，可以有效降低管理成本和操作风险。

2. 产品多样化

"行 E 通"作为业内领先的同业综合金融资产交易平台，除了供应P 银行的产品外，平台还在不断丰富产品体系。P 集团子公司和其他金融机构都将成为平台产品的供应商。

"行 E 通"平台上的各项产品既满足了同业合作机构自身投资的需求，同时又可以满足同业合作机构公司及零售客户的投资、融资及交易需求。

例如，针对中小金融机构投资标准的需求，"行 E 通"平台引入 P证券作为投资顾问的安鑫"行 E 通"系列资产管理产品，该产品投向标准，资产风险总体可控。产品一经推出，销售火爆，受到了市场和客户的一致好评。该系列 1 号和 2 号产品已成功落地，共募集金额 20.5亿元。

同时，"行 E 通"平台还实现了产品的跨界整合。例如，同业合作机构及其客户通过平台下单金产品（包括饰品金及投资金等实物黄金

产品）可以顺利、安全、快捷地送达客户手中。

3. 信息透明化

P银行首创在"行E通"平台上公开发布同业定期存款利率，变点对点议价为公开报价，平台客户均可浏览查看。该模式不但解决了信息不对称问题，还能有效挖掘潜在客户群，大大提高了交易效率和业务成功率。

4. 模式定制化

"行E通"平台可以为金融机构提供全套的合作模式选择，支持几乎所有的线上交易模式，包括B2B、B2B2C、B2C等，满足了不同客户的业务需求。

"行E通"平台核心的商业模式是通过全面优质的服务及产品为客户输送价值。其中的产品，可以按照客户的要求，为其定制更为简单便利的模式，无须客户另行开发系统，极大地节约了成本，对于每一种模式都有完善的交易流程配套支持。

创新启示

1. 借助互联网优势，将传统业务线上化，提升交易效率

在互联网高度发达的今天，一些有标准化流程的线下业务可以不断向"行E通"平台"迁徙"，这不但能优化客户体验、提升交易效率，同时还可以促进国内同业客户合作，活跃金融市场，扩大资产管理和融资渠道，提升中间业务收入。

2. 提高信息透明度，挖掘潜在业务机会，降低交易成本

在同业机构合作过程中，信息不对称问题显著，很多时候因为沟通不到位，而丧失业务机会。"行E通"平台变点对点议价为公开报价，有效缓解了信息不对称问题，客户可以通过"行E通"平台查询线上存放、理财产品以及代销产品的报价，提高了业务达成率，降低了双方的交易成本。

3. 优化资源配置，满足客户多样化的投融资需求

在我国，同业机构分为国有银行、股份制银行、城市商业银行、农村商业银行、农村信用社和非银行机构等。不同机构的风险偏好均不一样，"行 E 通"平台在向客户提供 P 银行核心产品的基础上引入了同业机构的产品，满足了客户多样化的投融资需求，实现了金融资源的优化配置。

第十一篇

综合业务创新

一 资产管理/财富管理业务

|案例 54|
发掘需求创新净值型产品

创新背景

定向增发市场是国内股票的再融资市场，2015 年融资额达 6000 亿元，吸引了众多机构投资者参与，但其对市场风险的判断能力要求较高。传统的理财业务通常以结构化或者安全垫的形式参与定向增发，以次级资金作为理财资金的收益保障；而本产品通过对个股风险和市场系统性风险的分析，创新性地通过"组合投资 + 量化对冲"的方式控制风险，获取定向增发市场的大概率收益。

产品秉承"指数化 + 适度精选 + 量化对冲"的投资理念，即通过适度精选定向增发股票构建指数化投资组合，再根据组合与沪深 300 指数的相关性进行对冲以尽量规避大盘下跌的系统性风险，从而获取定增折扣以及定向增发股票相对于大盘的超额收益。

A 银行组建量化投研团队，进行了量化投资平台的搭建和各项人员、技术储备工作，并推出"A 银行量化—幸福系列"净值型产品。该系列产品采用"量化对冲""目标波动率""风险预算"等对冲基金的投资理念和运作方式，追求不依赖单边市场波动的长期绝对收益。产品净值短期虽存在波动，但长期的投资收益率较有竞争力，适合机构长期资金的配置。特别是在目前国内市场理财产品同质化竞争严重的环境下，其鲜明特色和业绩表现已经逐步得到业内的认可，成为拓展客户和维护客户关系的独特优质产品资源。

创新要点

"A银行量化—幸福系列"净值型产品是A银行通过市场调研和对已有各类产品的充分分析，自主研究、开发、设计并在国内独立推出的全新结构的理财产品，基于银行产品研发能力、资产配置能力、风险控制能力和系统在配置新型产品上的优势，是银行系资产管理业务在相关投资产品方面的首创。

1. 产品为银行系资产管理业务首创，充分利用银行网络优势

"A银行量化—幸福系列"净值型产品正式建仓于2013年4月，是银行系资产管理业务的首创，产品运行至今，产品规模为约60亿元，为同业第1位。项目投资研究团队主要从公司所处的行业、行业地位和其自身基本面等角度对项目进行考察，并通过分行了解公司情况。投前、投中、投后与众多上市公司和分行保持了密切联系，通过理财产品和上市公司的股权关系进一步发展银行与上市公司的关系。

2. 产品设计具备独创性

该产品采取"足够分散的优质股票＋量化对冲"的方式进行分散化投资，有效降低了个股风险，对冲结构独特，资金使用率高。产品有效地控制了个股风险和市场风险。在化解个股风险方面，产品在当前规模下，参与了逾100个定增项目，从而在一定程度上起到"指数化"的作用。同时，A银行强大的营销网络、专业的管理团队和深入人心的品牌价值使持续营销、保持产品规模有了保证。在化解市场风险方面，产品通过结构化设计，允许在市场估值较高、下行风险显著时有效止盈，限制净值回调，从而使定增投资收益落袋为安。

"A银行量化—幸福系列"净值型产品完善了A银行理财产品体系，作为资本市场的标准化产品，体现了A银行对资本市场投研的核

心竞争力，目前收益率与同业基金类产品均发布于第三方权威金融数据终端上，长期名列前茅，提升了银行理财产品的声誉和投资透明度。

3. 弥补普通定增产品的不足

定增项目投资数额通常较大，而且定增股票禁售期相对较长（12个月），对投资人自有资金的流动性要求高、风险管理较为困难，因此参与定增市场投资对投资人要求门槛很高。定向增发产品按投资标的分类有单一项目型和组合基金型两种，按产品结构分类有结构化产品和非机构化产品两种。目前，市场上已有的定增产品存在许多问题，一是产品规模小容易造成产品净值受个股波动的影响过大，二是不能有效对冲市场风险则容易造成产品表现受大盘左右。

"A 银行量化—幸福系列"净值型产品弥补了普通定增产品的不足，具有以下显著的特点，在同业产品中具有较强的竞争优势。

（1）产品采用"足够分散的优质股票"的方式进行分散化投资，有效降低了个股风险。

（2）产品采用"量化对冲"的方式化解整体市场风险，产品对冲结构独特，资金使用率高。

（3）充分发挥 A 银行各部门和各分支行的协同效应，深入调研各地上市公司，做好尽职调查，精选个股规避风险。

创新启示

2013 年，A 银行资产管理部量化团队与分行一同拜访了某大学教育基金会，并介绍了量化产品的设计理念和运作方式。该基金会具备丰富的专业投资经验，是众多基金、券商竞相营销的目标客户。A 银行在路演过程中展示了扎实的量化投资技术，清晰阐述了产品设计和投资运作理念。该基金会对结合量化技术和 A 银行平台优势而设计的产品表示了浓厚的兴趣，并进行了深入的探讨。两周之后，该大学基金会回访，对"A 银行量化—幸福系列"净值型产品进行了投资尽职调查，并于 2014 年开始累计申购了三期。由于该基金会资金来自海内外校友和政商各界，其社会责任和影响较大，A 银行对该产品运作非常关心，并与分行共同对大学基金会进行了回访和持续沟通工作。在 2015 年的股市暴跌过程中，尽管由于对冲业务受限，产品净值出现了小幅回撤，但通过与大学基金会反复沟通和释疑，进一步提高了优质客户的专业性和忠诚度，其三期产品到期时均获得超过 20% 的年化收益。该客户对银行的资管服务给予较高的评价，并就理财业务与分行开展了更广阔的合作。该产品受到客户认可并营销成功的原因主要有以下几类。

1. 找准目标客户

该产品适用于单一体量较大的机构客户，对净值型产品有兴趣的机构客户。银行资产管理部有与教育、文化、慈善等基金组织开展合作方面的经验丰富，致力于将财富保值增值与承担社会责任、促进公共事业相结合。而大学教育基金会作为大学教育基金会的翘楚，秉持稳健经营的运作理念和文化，也与银行资管业务的发展理念和该量化产品特性高度契合。

2. 运作理念先进

量化投资业务采用对冲基金的运作模式，投资策略以绝对收益（阿尔法）为主，相对收益（贝塔）为辅，追求不依赖市场单边趋势长期、稳定的绝对收益。收益率介于股票与债券之间，但波动率类似债券，对于长期投资者较有吸引力。

3. 业绩优势明显

针对客户的不同需求和风险承受能力，在产品端通过调节固定收益类资产与权益类资产的投资比例来控制净值波动区间。对专业投资能力较强、风险承受度较高的客户（如券商自营资金和专业投资机构），其定向产品（幸福定增系列、幸福精选系列）年化收益可达 20% 以上，但客户要承担相应的风险；对大部分机构客户而言，其预期收益在 4% ~ 7%，能够承担一定风险，但需要本金和大部分收益较为安全，其购买的量化产品（幸福安选系列）通过提高固定收益配比减小净值波动。

在公募、私募、险资、券商、信托等同业中，A 银行量化产品的规模、业绩（收益率和稳定性）、客户的口碑均首屈一指，而"A银行量化—幸福系列"等创新产品的市场竞争力表现突出。在客户选择方面，应充分考虑其理财需求和风险承受能力，同时兼顾在理念、文化等方面的契合度，让合适的产品为适合的客户服务。

目前，各大银行和保险机构已经开始尝试量化投资业务，其中大型机构中太平洋保险资产管理部的量化投资业务发展较为成熟，但其管理资产以其母公司的委托为主，暂无独立发行的产品。B银行、C银行根据客户的需求，也推出了一系列理财产品，主打"量化牌"和对冲基金题材，但其缺少量化投研团队，短期内难以复制银行量化产品的运作模式。

"A银行量化—幸福系列"等业务的创新综合效益突出：一是充分满足了银行法人客户的实际需求，成为分行"拓户"的重点产品；二是以其为核心，带动了银行相关量化产品线的拓展，目前银行量化产品线的规模、收益和品种在同业均处于绝对领先的地位；三是作为银行资产管埋业务高端投资类产品，与客户实现了共赢，为理财产品向净值型产品转型提供了较好的模式。

| 案例 55 |

"乾元—鑫满溢足"系列净值型理财
管理计划创新案例

创新背景

1. 顺应市场发展趋势，深入推进资产管理业务转型发展

净值型理财产品是未来银行理财业务打破"刚性兑付"，大力鼓励发展的产品，也是银行资管业务转型过程中的重要产品类型。J 银行积极顺应这一市场发展趋势，大力推进净值型理财产品的研发创新。2014年 6 月，J 银行推出首支"乾元—鑫满溢足"开放式净值型理财管理计划，产品推出即获得市场的热烈欢迎。

2. 丰富资产管理业务产品线，满足高净值客户投资理财需求

有很长一段时间，银行理财产品主要以传统预期收益率类产品为主，净值型产品稀少，产品结构不平衡。为积极弥补资产管理业务短板，丰富理财产品，抢抓市场需求，需要积极进行净值型产品创新设计，进一步扩大净值型产品的规模，完善资管业务产品体系。2014 年首支净值型理财管理计划产品推出后，短时间内即达到 100 亿份产品设计的上限，反映出客户对这类产品的需求极其强烈。在此背景下，J 银行于 2016 年 8 月开发设计了"乾元—鑫满溢足"开放式净值型理财管理计划的 2 号和 3 号产品，产品投资范围进一步拓宽，很好地匹配了客户的投资需求。

3. 做大净值型理财产品存量，增加中间业务收入

J 银行根据监管部门的要求，设计开发了"乾元—鑫满溢足"系列净值型理财管理计划，以其新颖的产品形式得到了客户的热烈反响，J 银行也积累了管理该类产品的经验。产品成立以来年化收益率较好，平均年化收益率超过同类产品，运作情况良好。为了继续做大做强净值型产品，J 银行在现有净值型产品的基础上进行了适当进行改造，增加产品规模，扩大产品投资范围，设计出后续净值型产品，并引入更多的市场主流投资顾问机构进行合作，进一步扩大净值型产品的发行规模，增加了中间业务收入。

创新要点

在设计开发"乾元—鑫满溢足"系列净值型理财管理计划的过程中，为了更好地契合市场和客户的需求，J 银行深入比较了资产管理行业市场上同类产品的特点，并深入调研客户需求，从产品设计和运营操作环节注入了以下理念。

1. 保证产品具有较强的流动性

传统的固定期限银行理财产品交易形式以封闭型为主，产品的收益以预期收益的形式给付。而净值型管理计划的交易形式为定期开放式，收益以产品净值的形式定期公布，类似于开放式基金的交易形式。J 银行在设计净值型理财产品的过程中，保证流动性要高于普通的净值型理财产品。"乾元—鑫满溢足"系列净值型理财管理计划每月开放一次，用户在开放日前 7 个自然日可以进行申购、赎回等操作，资金流动性高于普通的银行理财产品。

2. 合理平衡产品的收益与风险

净值型理财产品的推出更符合资产管理的本质和监管部门对于银行理财业务的要求。更适合有一定风险承受力，比较重视资金流动性与收益匹配的投资者。这类产品通过投资标准化资产可以实现公允估值，更符合监管部门对理财业务"单独核算、风险隔离、行为规范、

归口管理"的要求。在多数情况下，净值型产品收益会高于普通的理财产品，但同时按照产品结构，产品净值波动风险由投资者承担，导致投资风险也会有所增加。因此，如何平衡产品收益与风险的关系较为关键。"乾元—鑫满溢足"系列净值型理财管理计划主要采用成本法估值，净值逐日增加，始终保持平稳的正收益，收益率波动不大，收益相对稳定。

3. 及时进行信息披露，保证产品运作透明

"乾元—鑫满溢足"系列净值型理财管理计划定期进行信息披露，相比银行传统的理财产品，在投资运作上更加透明。目前，J 银行该类产品每月披露三次产品净值，月初 5 个工作日内披露产品投资管理报告。如遇市场出现较大波动、产品净值变化较大时，J 银行及时与投资者进行沟通，说明市场情况，保证投资者能够得到第一手信息，领会和理解产品运作的思路与策略。

创新启示

1. 深入贯彻监管政策导向，有效对接客户投资理财需求

"乾元—鑫满溢足"系列净值型理财管理计划是 J 银行深入贯彻银监会推动银行理财业务向资产管理业务转型，打破"刚性兑付"的创新型产品。在产品设计过程中紧跟监管政策导向，积极对接高净值客户投资理财需求，动态调整投资组合的资产结构，以保证产品投资收益稳定，并深入开展投资者教育，加强与各类投资者的沟通联系，以树立 J银行净值型理财产品的良好品牌。

2. 严格按照产品设计方案进行投资，确保产品风险可控

"乾元—鑫满溢足"系列净值型理财管理计划在设计过程中强调以获取稳定收益为投资目标，并为此设立了严格的大类资产配置比例和投资标的准入标准。在产品前期，基于对货币政策放松的预期，维持经济基本面较弱的判断，点状信用风险事件仍会继续发生，因此信用品种以中高等级为主，持续期以中短期品种为主，有效控制了产品风险。

3. 加强产品的投资管理工作，保证产品稳健运作

"乾元—鑫满溢足"系列净值型理财管理计划的投资管理采取"自主管理 + 合作管理"的模式进行，业务合作方为 J 银行子公司或外部第三方投资顾问机构。鼓励与具备较强实力、良好市场声誉、良好过往投资业绩、风险内控体系完备的外部投资管理机构合作，并要求合作机构按照产品设计方案确定的策略进行投资管理，确保产品风险可控。

| 案例 56 |
创新产品　赢来赢往

创新背景

为进一步拓展理财产品资产配置范围，满足客户多样化投资需求，践行全行资产管理业务转型，J银行在全行范围内发行理财产品投资衍生产品挂钩类资产，总规模不超过 100 亿元。

1. 衍生产品挂钩类资产含义

此类资产的配比中绝大部分为低风险资产（如非标资产、货币市场工具等），并将低风险资产的投资收益投资于期权类的高风险资产以博取较高收益。

2. 拓展资产配置范围

本业务投资于与衍生产品挂钩类资产，通过购买场外期权的方式实现客户收益，在保证客户稳定的基础收益的情况下，以较低风险博取较高收益，实现资产稳健增值。拓展资产配置范围，提高资产管理能力。

3. 丰富银行产品种类

本类型理财产品能够有效补充和丰富理财产品，满足在保证基础收益的情况下博取超额收益的客户需求。在市场上各类风险资产风险暴露、投资者投资渠道狭窄的背景下，为投资者提供一种风险较小，而且有可能获取超额收益的一种投资方式。

创新要点

1. 产品设计为二元理财产品

此次创新项目所涉及的期权结构为二元期权结构，因此相应的理财产品也设计为二元理财产品，即看多某类品种的看涨理财产品 A 或看空某类品种的看跌理财产品 B（见图8）。

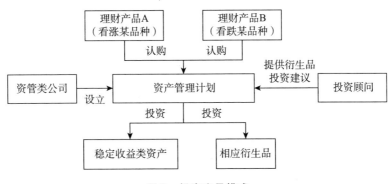

图8 投资交易模式

步骤 1 同时发行两支理财产品，投资收益分别挂钩某一特定标的资产（金融产品、商品等）的看涨或看跌观点；所募集资金共同投资于资管类公司设立的特定资产管理计划。

步骤 2 在资管计划中对持有不同观点的资金根据其预期收益率进行轧差，并测算需对外平出的衍生品头寸。

步骤 3 将资管计划的绝大多数资金投资于低风险资产，并将其所产生的收益投资于事先绑定的衍生品，并根据期权费收取的时间点决定是否需要预提低风险资产贡献的收益。

2. 投资标的

（1）此次申报业务所涉及的低风险资产包括非标资产、他行理财产品、货币市场工具类资产。其中，非标资产须为经本行有权审批部门审批的资产；他行理财产品须为国内 A 股上市银行所发行的预期收益率型理财产品，产品期限不得超过 12 个月；货币市场工具类资产包括活期存款、定期存款、同业存款、协议存款、结构性存款、债券逆回购、货币基金等。

（2）衍生产品标的资产可以为国内股指、海外股指及股票、大宗商品、汇率（港元/美元，澳元/美元，加元/美元等）、海外绝对收益型基金等。

3. 风险缓释措施

本业务利用低风险资产的投资收益投资于高风险的期权类资产，因此对客户的本金有着较大的保障。因此业务风险主要集中在低风险资产部分的信用风险，期权的交易对手风险和市场风险。

（1）信用风险。是指所投资的非标资产到期不能按时足额还本付息的风险。其风险缓释措施：严格筛选非标资产，仅限于投资经本行有权审批部门审批通过的非标资产，原则上风险等级不高于3盏灯。

（2）交易对手风险。是指二元期权的交易对手无法履行合约的风险。其风险缓释措施：仅以金融市场部以及建信基金提供的白名单内的机构作为交易对手，建信基金负责对白名单内交易对手的实力及信用进行全面的尽职调查。

（3）市场风险。是指因为市场环境变化，市场上找不到合适的交易对手买入二元期权的风险。风险缓释措施：选择市场上较为活跃的二元期权。此次J银行理财产品选择参与投资以股指/黄金/原油为基础产品的二元期权，股指/黄金/原油是市场上最受欢迎的交易品种，也最容易为广大理财产品投资人接受。

创新启示

1. 金融创新的内涵是金融业自我发展的需要

创新是金融的本质属性。金融业能成为现代经济的核心，关键在于能发挥资源配置和效率提升的作用，但随着社会经济结构的变化和一国资源要素禀赋条件的改变，资源配置的模式、方法和思维都需要优化，这就要求金融机构必须主动进行创新来满足市场的需求。每次重大金融创新不仅推动了金融业本身的发展，而且促进整个社会经济的发展，成为经济发展的助推器。

创新是提升金融机构市场竞争力和盈利水平的重要手段。金融企业作为微观经济主体，以追求利润最大化为目标，面对竞争日益激烈的金融市场，金融机构只有适时推出新产品才能满足社会需求，在激烈的市场竞争中获得先机，大幅度提高盈利水平和竞争力。

创新是金融业自我发展的需要。传统的金融业务往往会随着社会经济发展而出现收益边际效率递减的问题，如果不能适时推出新的金融产品，金融机构就难以克服效益和投资人投资意愿下降的困境，只有持续不断地推出满足市场需要的金融产品，通过产品创新提高收益，满足投资者对利润的需求，才能确保银行源源不断地获得发展所需要的资金。

2. 金融创新是对金融系统的完善

金融创新为金融机构适时推出异质性金融新产品创造了条件，是增强金融机构竞争与合作能力的重要途径。

金融创新为新技术融入金融业提供了机会，提升了金融业工作的效率与服务水平。纵观人类历史上每一次重大的金融创新，多与技术创新结合，尽量使用先进的科学技术为金融创新服务，金融创新为技术融入金融业提供了机会，也为金融业开展业务提供了便捷，提升了工作效率。

发行本产品有助于增加 J 银行细分市场的业务竞争能力，发挥 J 银行全牌照金融集团的优势，提高为客户创造价值的能力，增加 J 银行理财产品的受众群体，增强理财产品的客户黏性，建设大资管业务平台，提高中间业务收入。J 银行同时发行两期分别看涨或看跌的理财产品，除了产品管理费与提供的低风险资产所获的中间业务收入以外，多空双方轧差所节省的期权费用也可以成为中间业务的收入。

| 案例 57 |

平滑基金项目创新

创新背景

2014年9月21日，国务院下发《国务院关于加强地方政府性债务管理的意见》（以下简称国务院"43号文"），要求地方政府积极降低存量债务利息负担，妥善偿还存量债务，并指导督促有关债务举措单位加强财务管理、拓宽偿债资金渠道、统筹安排偿债资金。地方政府和各金融机构多方研究、积极探讨新的合作方式，妥善管理政府存量债务，促进国民经济持续健康发展。

为切实发挥银行业金融机构对国家重点领域重大工程项目建设的支持作用，M银行于2015年成立了政府引导基金总分行联动团队，建立起客户经理、产品经理、风险经理"三位一体"的专业化团队，重点拓展政府引导基金业务。并通过政府引导基金业务，为区域经济注入资本，改善金融服务支持体系，助推实体经济；引导地域战略性新兴产业、资源整合及国有企业改革，助力地区产业结构调整和升级。

X市发展投资集团有限公司（以下简称"X投资公司"）由X市政府国有资产监督管理委员会出资组建，经营范围为负责X市范围内重大基础设施、各种产业、重大项目的投融资业务；政府授权范围内的土地收储、开发投融资业务，以及国有资产运营及运作业务、房地产开发、土地开发业务。X投资公司为M行X分行的重点授信客户，M银行曾经通过信托受益权丙方业务为 X 投资提供融资。

X 投资公司设立 X 市平滑基金（政府债务过渡性融资），用于置换 X 市政府存量债务，M 银行参与投资该基金（见图 9）。

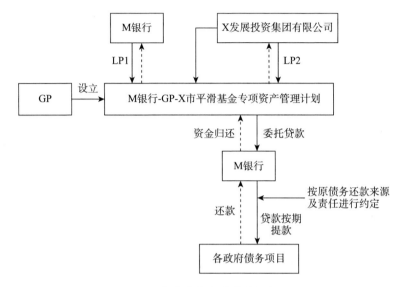

图 9　银行参与投资基金框架

X 市政府平滑基金根据政府债务置换的需求，按计划分期参与提用。资金主要投向 X 市政府债务的置换，具体标准如下：拟投项目必须为已通过 X 市人大决议，纳入 X 市政府财政预算的一类债务；拟投项目必须为 2014 年 12 月经有权部门核定的 X 市全市一类债务范围内。单笔项目到期时，由 X 市财政在当年财政预算支出中拨款给项目债务申请人用于支付本息。单笔项目到期时，资金逐笔退出，不做循环投资。

创新要点

1. 积极营销，捕捉潜在业务机会

国务院"43 号文"正式下发后，X 市政府加强债务管理，除发行债券以外，当地政府积极探索政府债务置换模式，同业机构积极行动，寻求与 X 市政府的合作机会，竞争异常激烈。M 银行对其评估后认为 X

市政府主导进行存量债务置换，置换项目为政府一类债务，政府负有偿还责任，资产优质，利差空间大，规模大，风险相对较低。为抢占业务份额和机会，X 市 M 银行分行成立专项工作小组，积极与 X 市财政局对接，加班加点设计基金方案，按照 X 市政府提出的要求反复沟通修改。

2. 专业高效，获得客户认可

基金方案确定后，M 银行及时启动相关工作，收集 X 市财政历年财政收支情况、预算情况，撰写各平台公司尽职调查报告，与 X 市政府协商对 M 银行基金的增信条件，并针对 X 市 2014 年年末财政部认定的政府债务置换清单，总分支行相关人员成立专项团队，从营销到项目审批通过历时不到两个月时间，M 银行的高效得到了 X 市政府的充分肯定，也赢得了市场的先机。

3. 面对变化，适时调整业务方案

M 银行的政府债务置换基金项目获批之时，X 市政府又提出新的要求，中央财政和省财政加大政府债券的发行，同时政府债务置换的频率加快、债务成本快速下降，同业机构纷纷与 X 市政府洽谈债务置换业务，同业的营销团队跑步进场，业务谈判竞争激烈。面对市场变化，M 银行与客户见面商谈后，针对实际情况及时研究调整意见和设计方案，最终使取方业务落地。

创新启示

该案例有以下启示。

1. 维护存量客户，积极挖掘业务机会

某些业务可通过对现有存量客户的挖潜开展，相比拓展新客户而言，在以往业务友好合作的基础之上，对存量客户的业务营销会更加顺畅。而达成的业务合作关系也可以为今后继续合作形成铺垫。

2. 面对竞争，以高效赢得客户

考虑到时间窗口，许多业务机会稍纵即逝，加之当下银行竞争日趋

白热化，效率是赢得客户的利器。高效一方面可以让客户感受到合作的诚意，另一方面也为业务方案的后续沟通和修改赢得时间。

3. 市场变化，坚持以客户为中心

在环境变化、原有服务方案不适用的情况下，要坚持以客户为中心，尽量沟通进行方案的调整。

| 案例 58 |

上市公司员工持股计划业务

创新背景

2014 年 6 月，证监会发布《关于上市公司实施员工持股计划试点的指导意见》。2015 年年中，股市出现剧烈调整后，证监会要求上市公司制定措施维护公司股价，其中员工持股计划成为维护公司股价的重要手段。政策的引导进一步激发了上市公司实施员工持股计划的热情，银行理财的上市公司员工持股计划配资业务逐步开展起来。

其中，A 银行 B 分行完成了 C 公司员工持股计划项目。C 公司员工持股计划项目通过设立三期券商集合资产管理计划，分别为上市公司高管、中层员工和经销商的持股计划提供配资，A 银行理财资金投资优先级份额，同时上市公司大股东对优先级本息履行补仓及差额补足义务。

C 公司为 2011 年深圳交易所上市公司，根据中国证监会《关于上市公司实施员工持股计划试点的指导意见》，计划面向公司部分员工"采取二级市场购买方式实施员工持股计划"，面向其公司部分经销商"采取二级市场购买方式实施持股计划"。

D 证券为此次 C 公司员工和经销商持股计划发行了三期"×号集合资产管理计划"，资产管理计划募集的资金分别用于二级市场买入"C 公司"股票，且持有"C 公司"股票的持股期限不低于 12 个月，三期资产管理计划的期限均为 30 个月。其中，"C 公司 1 号集合资产管理计划"的优先劣后结构化比例为3∶1,由"C公司员工持股计划1号子计划"(主要面向高管员工)认购次级份额;"C公司2号集合资产管理计划"的优先劣后结构化比例为1∶1,由"C公司员工持股计划2号子计划"(主要面向中层员工)认购次级份额;"C公司3号集合资产管理计划"的优先劣后结构化比例为2∶1,由"C公司经销商持股计划"(面向C公司的经销商)认购次级份额。

为保障以上三期资产管理计划中优先级投资者的投资本金安全和获得预期的投资收益,由C公司的大股东提供不可撤销的连带责任担保,同时该三期资产管理计划分别设置预警线和平仓线。

创新要点

1. 增强客户黏性,获取更高的综合效益

员工持股计划配资业务具有收益率高,风险可控,且有利于银行公司业务、零售业务、私人银行业务等多条线业务联动形成综合效益等的优势。A银行总行资产管理部抓住市场机遇,形成业务指引和负面清单,积极实施业务推动。A银行各分行按照两个思路积极做好业务营销,一是按区域做好客户营销沙盘,选择优质上市公司积极营销该类项目;二是因一般上市公司进行员工持股计划会选择证券公司做方案,所以借力证券公司进行营销。通过项目的运作,A银行培育自己的客户,增强客户黏合度,延伸金融服务链条,从配资角色转变成为上市公司提供全面的综合金融服务,取得较好的综合效益。

2. 助力经济转型,实现过剩产能出清

在供给侧改革的背景下,资本市场的发展可以减少对债权性融资和间接融资的过度依赖,解决微观经济发展中资本金不足,去杠杆能直接控制系统性金融风险。通过资本市场可以实现存量资产并购重组,将低效资产置换为优质资产,将资本和资源向优势企业和产业集中,实现过剩产能出清。各种资本市场投融资工具也可以促进经济转型升级,使战略新兴产业获得更多的资本性资源,使产业结构持续优化。随着金融结

构的变化，资本市场能够更好地满足居民权益类资产的配置需求，使储蓄更好地转化为服务实体经济的能力。资本市场的发展也推动了员工持股计划等与资本市场相关的投融资业务逐步活跃，是未来银行理财业务重要投资领域。

创新启示

A 银行推广员工持股计划的主要经验和启示有以下几类。

第一，分行应积极营销辖内有实施员工持股计划意向或正在推进员工持股计划，并需要融资服务的上市公司。营销素质的提高重点在于培养业务人员的营销意识。营销机遇无处不在，关键是要不断培养营销人员对业务的熟悉程度、提高营销人员对上市公司情况的跟踪的能力。

第二，上市公司实施员工持股计划一般由券商设计具体方案，通过加强与券商的合作，可以在第一时间获得相关业务信息，提高营销成功率。协同券商共同营销，了解客户，营销客户，发展客户，最终留住客户。

第三，要形成综合化的金融服务，银行业务人员必须熟悉可以为上市公司提供的各类资产管理产品，对自己的产品性能"烂熟于心"，根据客户需要进行灵活、到位的组合，有针对性地进行营销。比如可以在员工持股计划之外，拓展股票质押回购等业务。

第四，营销该类业务可以与企金相关部门充分联动，也可以结合零售相关部门培养和挖掘高端客户。同时，要重视与上市公司客户关系的维护，尤其要搞好优质客户关系的维护。通过建立客户档案，了解和掌握客户使用产品的情况，及时为客户提供个性化服务，进而不断改进服务、提高管理水平，吸引忠诚客户群体，形成竞争优势。

第五，银行应制定该类产品标准化合同模板，根据每一项具体业务的实际情况在模板基础上进行修订后使用；同时，应提高该类标准化项目的审批效率，对于符合业务标准的项目，将审批时间压缩在一周以内，确保项目流程的进展。

二 私人银行业务

| 案例 59 |
顺势而变 打造领先的私人银行
投资账户服务

创新背景

自 2015 年年初，中国财富管理规模首次突破 65 万亿元以来，中国财富管理规模不断壮大，其中高净值人群规模已突破 100 万人，其可投资资产总量和人群数量近三年均保持两位数的快速增长，市场机遇日益显现。然而，中国财富管理市场在经济新常态的催生下，也逐渐呈现出金融新常态与新趋势，高净值人群资产配置多元化、产品形态多样化、投资收益市场化、投资布局全球化等特点。作为大型商业银行，要把财富管理的重点由"量"的增长转向"质"的提升，尤其针对高净值人群的资产配置需求，在深入挖掘分析后，依靠创新驱动，实现提质增效。

面对境内外金融市场波动性、复杂性加剧，全市场风险偏好下降，各大类资产价格均大幅震荡，投资品静态收益迅速回落，银行理财产品收益率重回"3"时代的大背景，传统的理财产品已无法满足私人银行高净值客户的需求，私人银行服务与产品势必要体现市场化、个性化、多样化、综合化和专业化。A 银行的私人银行投资账户服务业务是以

"一对一"专属定制综合投资管理为服务柱基，为私人银行客户"一对一"开立独立账户，并提供交互式的个人理财综合服务。其最大的功能特点是在投资账户层面，可以实现根据客户预期收益、预期风险偏好、流动性及投资久期等相关需求进行多策略的产品组合配置，拓宽了投资品范围，提升了服务内涵。

创新要点

1. 夯实大客户服务基础，适时推动创新业务开展

客户 Z 总是一名私人银行极高净值客户，在他行有一笔 5000 万元资金到期，客户向 A 银行提出的资金投资需求是以稳健投资为主，一般情况下没有流动性需求，但是遇到突发情况急需用钱的时候产品必须有流动性支持。除此之外，客户还希望自己在产品投资方面有一定的决定权，希望通过该产品的投资抓住比较明显的市场机会。A 银行财富顾问了解到这些情况后，觉得该客户的需求与 A 银行创新型投资账户服务非常契合，并建议该客户成立投资账户，投资范围涵盖除七大类投资品外，还包括理财产品、公募基金、准入认可的全市场遴选产品，并根据客户个性化需求设定了灵活的流动性安排。基于客户在前期的专户理财服务中与 A 银行建立的稳固信任关系，Z 总也非常愿意尝试新的业务模式，很快就同意将这 5000 万元资金投资于投资账户服务中。

2. 利用大类资产组合择机切换，实现客户预期收益

Z 总的投资账户拓宽了传统理财产品的投资范围，不仅仅可投资大类投资品市场，还可投资多种策略的产品组合，根据市场的变化实时调整其组合配置。这一创新的服务功能，虽然使投资品静态收益率下降，但在大类资产轮动非常频繁的大趋势下，逐步体现出 A 银行私人银行管理人对大类资产组合切换管理的专业水平和能力。

该投资账户成立后，就制定了"固定收益＋"的投资策略，通过配置固定收益类投资品，在一定程度上保障了客户基本稳定的产品收益，同时投资账户择机配置了股债混合策略组合，利用债市与股市一定

程度上的负相关性，对冲系统性风险，在获取高超额收益的同时降低产品整体风险敞口。根据投资账户成立初期制定的策略执行近一个月的情况来看，投资账户的组合区间年化收益率在固定收益类投资品收益贡献的基础上，通过择机配置少量波动类投资品后有所提高，增强了整体收益水平。

3. 交互式投资充分反映了管理投资预期，彰显投资管理水平

该投资账户在设立初期，财富顾问就与客户约定了每月交互投资策略及运作情况的"交互机制"，针对投资市场上的最新变化与客户 Z 总做沟通，以便及时进行投资组合的切换。经过财富顾问与客户多次交流互动，认为当时无论是股市还是交易型债券的市场环境都不容乐观，将前期在债券及权益市场的账户浮盈进行获利了结。这种互动策略有效避开了后来出现的"股债双杀"的局面，投资账户在成立两个月内成功实现了账户盈利。事实上这种策略对管理人的择时择机管理要求更高，管理人必须在客户预期下把握趋势性机会的同时，通过组合切换与投资品交易创造盈利，稳住每一阶段投资管理的成果。

随着美联储加息预期的逐步淡化和英国退欧导致的宽松预期增强，股市债市又出现了回暖迹象。在这种情况下财富顾问及时与客户进行交流互动，认为一方面账户资产已积累了一些安全垫，可以少量投资于波动性投资品，另一方面种种迹象表明市场的结构性机会已经显现。客户对这种观点也表示同意，同时表示资金一直采取现金为王的策略毕竟不利于增厚收益率，因此也同意增配一些权益类和交易型债券类投资品。随后财富顾问对客户在投资账户中的资产进行了相应的调仓与切换，取得了良好的收益回报。

创新启示

1. 稳固的客户关系、敏锐的营销意识不可或缺

A 银行通过多年的沟通与维护已经与客户建立了基本的信任与合作关系，并且对客户日常需求的把握逐步深入。一旦客户临时提出个性化

的理财和投资需求，专业化的财富顾问就可以敏锐地洞察出客户需求的核心价值与内涵，并进行相关业务的营销与推介。

2. 从财富顾问到投资顾问的角色转变至关重要

由于 Z 客户的投资需求具备一定的创新性和动态管理的要求，财富顾问一方面能够迅速准确地做出较优化的方案，主要是能够熟练快捷地掌握本行创新业务功能与框架，简明扼要地进行产品介绍和分析，使之与客户的需求相匹配；另一方面财富顾问不断地提升自身专业性，主动由财富顾问到投资顾问进行角色转变，从"买产品"到"做配置"，以满足客户日益复杂多变的金融服务需求。

3. 以交互管理和动态管理提升服务内涵

由于 A 银行投资账户业务致力于客户交互式动态组合管理，因此财富顾问的耐心指导与专业的交流互动，不但让客户了解市场、认同 A 银行的投资理念，更重要的是让客户在投资管理的过程中感受到自我参与的满足感和成就感，让客户真正享受到"不亲为，可亲历"的资产管理服务，提升服务价值与内涵。

4. 多策略组合管理，实现资产增值

考虑到投资市场变化较为复杂，利用 A 银行投资账户中的多策略组合管理可以实现在不同投资阶段和不同投资环境情况下，均提供有利于客户投资的方案与策略，实现兼具跨周期和流动性的组合策略，使得客户资产实现长期的保值与增值。

| 案例 60 |

巧用私行增值服务 提升客户资产价值

创新背景

客户李先生在 H 市创立某公司并担任总经理职位，李太太在高校任职，夫妻俩于 2011 年在 B 银行的资产分别达到××万元，成为私人银行客户。李先生的公司，近年来收益持续稳定增长，个人资产不断积累。然而李先生在 B 银行个人资产增长平缓，部分资产分散在其他银行叙做收益较高的信托类产品，在 B 银行还有很大的营销提升空间。

创新要点

B 银行 W 支行客户经理在梳理私人银行客户资料时，发现李先生的金融财富潜力尚未完全挖掘。通过几次上门拜访沟通，客户经理发现客户同时是 X 银行和 G 银行的私人限行客户。该客户资产配置谨慎，不轻易将主要资产投入一家银行。在与李先生的接触中，对方告诉客户经理，他本人平日忙于公司业务运营，没有太多时间关注个人资产的增值，资产分别分布在夫妻两人下，主要由李太太打理家庭财产。之前客户在 B 银行和其他银行均购买过信托类理财产品，对此类收益率较高且比较稳定的信托类产品认可度高。

交谈中，客户经理发现，在繁忙的工作中，李先生夫妻毫不忽视对下一代的教育规划。谈到自己的女儿，李太太眼中总是闪着骄傲的眼神。她女儿在本地一所著名高校本科毕业，申请了澳大利亚一所大学与财务相关的专业攻读研究生学业。夫妻俩非常希望女儿能积极拓宽视野，拓展人际交流圈范围，以期获得更好的成长，为今后个人事业的发展打好基础。

细心的客户经理将这一细节牢记在心，在与客户沟通之后迅速定制了满足李太太风险需求的理财计划，并详细记录了客户透露出来的他行产品到期时间，以便后期追踪营销；同时针对客户家庭重视子女教育的特点，积极寻找针对客户子女教育方面的最新服务活动，希望通过 B 银行私人银行部高含金量的增值活动及贴心高效的服务，赢得客户的信赖，促使客户将其在他行的金融资产转到 B 银行。

2015 年 9 月，B 银行针对高端客户推出了"我是银行家"B 银行环球金融投资精英培养计划项目。该培养计划是针对有志于从事金融相关行业的中国学生量身定做的增值服务活动，项目帮助学生深入 B 银行在香港的分支机构，学习资产组合管理，了解香港资本市场发展历程，接受税务规划、个人形象指导等多方面培训，是一个含金量很高的个人综合培训项目，机会非常难得，并且对客户的准入有着很高的要求。客户经理立刻将这个好机会告诉李太太，征询孩子的意愿和行程安排。B 银行在香港的专业性平台与全球影响力让李太太十分动心，作为高校教师的李太太也积极鼓励女儿报名参加。于是 B 银行开始积极和客户子女沟通准备报名材料，支行客户经理与上级分行的私人银行团队通力协作，帮客户争取到培训项目的名额。在活动准备期间，李先生夫妻俩开始在 B 银行增加资产金额，将其总资产提升到 6000 万元以上。

在 B 银行私人银行家团队的大力协作与支持下，客户经理顺利为客户拿到了全省唯一的 1 个名额。随后，李先生女儿通过了活动协办方的英语电话面试。李先生女儿如期飞往香港，开始了为期一周的香港环球投资精英培养之旅。客户经理在全程中组织协调的高效与认真负责的态度，令李先生夫妻俩表示由衷赞赏，也为之后分行持续发展客户关系赢得充分的运作空间。

这次成功的私行专享增值服务，不仅为客户子女开启国际化视野和资产配置全球化思维，也充分展现出 B 银行的国际化优势和私人银行综合性金融服务为客户带来的切实利益。李先生赞许地告诉客户经理："B 银行的全球化网络确实优势明显，服务也很贴心到位，我们真心信任你们，将资金放在你们这里我们很安心。"目前，李先生的资产已陆续从他行转来，并保持持续增长。

创新启示

1. 银行非金融增值服务具有丰富的金融潜质可供挖掘

在金融产品日益同质化的趋势下，私人银行的尊享增值服务可以大大丰富银行私人银行服务的内涵，在提升客户体验的同时也增强了客户对银行的满意度和黏合度，"我是银行家" B 银行环球金融投资精英培养计划项目是该案例成功的基础，在此基础上创新产品，发挥 B 银行私人银行的国际化服务优势就能满足客户的切实需求，取得了良好的营销效果。

2. 增强沟通，找出银行增值服务与其金融业务的契合点是成功营销的关键

私人银行客户服务的需求层次高、个性化差异大，必须在做好客户需求分析、产品或服务契合预测等准备工作的前提进行有效沟通，才能抓准营销契机，有的放矢。本案例中，客户经理以客户青睐的优质非金融服务资源为抓手，将活动准入标准精确对接客户子女教育的迫切希望，成功提高了客户在 B 银行的金融资产份额。

3. 优质高效服务，是成功营销的根本

私人银行客户的服务是一项系统性工作，需要银行条线内各专业团队的上下联动。

| 案例 61 |
消费信托产品创新

创新背景

消费信托是一种创新型的金融产品，通过业务模式的设计能够实现多种功能。目前对于消费信托尚无准确定义，总体而言，消费信托是以消费而非增值为目的的信托产品。信托公司从消费者需求出发，发行信托产品，使得投资者在购买信托产品的同时获得消费权益，直接连接投资者和提供消费产品的产业方，从而将投资者的理财需求和消费需求整合起来，达到保护消费者消费、实现消费权益增值的目的。对于金融机构来说，开展消费信托业务将为金融机构创新收入来源，有助于创新产品设计方案，布局个人金融服务市场，更好地服务实体经济与社会民生。

基于此，为了丰富信托产品类型、新增信托业务收入，同时进一步增强 J 银行私人银行条线产品竞争力、提升客户服务水平，2016 年年初以来 J 银行在业内首创以"财富管理 + 消费选择权"为主要模式的消费信托产品，围绕着"文化、旅游、健康、慈善、教育"五大业务方向，于 2016 年先后发行了 10 期消费信托，累计发行总规模 17.6 亿元，市场反应积极，客户的消费需求得到激发。

1. 客户需求驱动

当前中国正迎来新一轮消费升级的浪潮，消费者从应付生活逐步转变为经营生活和享受生活的过程，也是从传统的生存型、物质型消费让位于发展型、服务型等新型消费的过程。娱乐、通信、教育、医疗保健和旅游等领域的消费均出现爆发式增长。结合各地区高端客户的消费爱好和习惯，甄选出符合地区消费升级的优质消费标的，如艺术品消费信托系列。从市场交易数据看出，艺术品价格自 2013 年以来逐渐回归理性，市场热点从以往的著名画家的画作向中年艺术家的画作市场转变。更多的消费者希望购买到既有欣赏力同时性价比也比较高的画作，A 分行多年来更是培养了一大批喜爱艺术、了解艺术、有艺术品消费需求的客户。基于此，在 A 分行发行了艺术品消费信托，解决了客户艺术品消费需求，并为未来家族信托、家族办公室业务在艺术领域的发展积累了优质合作伙伴与宝贵经验。

2. 切实的经济效应

以某消费信托为例，开展消费信托业务有利于打造具有多元价值贡献空间的私人银行金融生态环境业务模式。某股份有限公司现金流充沛，股东高管资金实力雄厚，公司和个人投资理财需求较强，其股东高管是 B 分行重点维护拓展的私人银行客户目标群体。以此产品发行为契机，一方面密切 B 分行与其个人业务的联系，实现客户拓展；另一方面也可以挖掘对公财富管理业务需求，实现综合价值贡献的提高。

3. 产品服务方案

已发行的 10 期消费信托均采取"财富管理 + 消费选择权"的模式，既为客户提供了稳健的金融收益，又附加了灵活的消费选择权，保障客户的消费权益。在这种模式下，由 J 信托负责对信托财产进行投资管理，由合作机构提供消费标的、保障标的的质量、提供增值服务等。由于消费权益真实存在，客户对金融收益的敏感度降低，从而降低了产品发行成本；同时"集中采购"的价格优势及消费品稀缺性促进了消费行为，为合作机构带来了额外利益。

除设置多次消费选择权以外，每期消费信托均有后期增值服务，如养生文化体验之旅及中医问诊沙龙活动、艺术北京展览参观、"茗门望族"黑茶文化之旅等，维护客户关系的同时进一步促进消费。

创新要点

1. 精选合作伙伴

通过强强合作，确保服务品质。J 银行选择的合作机构均为国内知名企业，通过与合作机构的深入沟通，在确定最优方案的同时降低发行风险，保障委托人权益。

2. 精选消费标的

突出消费品价格优势及市场稀缺性。结合市场需求和部分客户调查，以 B 分行多个著名品牌作为此次消费信托的消费标的，满足客户的品饮、收藏需求。

3. 以客户体验活动为辅

为更好地把握客户需求，深入宣传和推广创新产品。在产品正式推出之前，B 分行组织了部分目标客户开展养生文化体验之旅活动，并与中茶合作组织了产品首发仪式，邀请私人银行客户 30 人开展"茗门望族"黑茶文化之旅主题活动，实现了消费标的现场销售 2.3 万元。

创新启示

加强与各分行私人银行部的联动，发现和激发客户需求。通过研究建立和丰富应用场景，形成贯穿财富管理生命周期全方位、多层次的私人银行客户应用场景，为客户营销提供多种商业机会。在后期的私人银行产品创新实践中，研究客户在不同场景下的多层次需求，成为创新的关键。通过结合商务、跨境、传承复杂场景，发现客户现实需求，挖掘潜在需求，为金融产品创新提供更多的空间和机会。

深度挖掘客户需求　成功为客户提供家族财富传承方案

创新背景

　　客户 Z 某一直是 M 银行成都分行一名刚刚达标的私人银行级客户，金融资产不太突出，平时也没有对私人银行的产品表现出特别兴趣，主要办理一些个人结算业务。

　　但就是这样一个"普通"的私人银行客户，在 2014 年 4 月的一天，突然拨通了 M 银行成都分行私人银行客户经理陈某的电话："小陈，随便向你咨询一下。记得去年你们香港分行成立没多久，你介绍了你们香港分行的同事跟我交流过有关境外投资和香港移民业务，我记得他们是可以开立境外账户的吧？流程复杂吗？需要哪些资料呢？"陈某敏锐地感觉到这个客户绝对不是简单的"随口问问"而已，因为陈某有一个小小的职业习惯：各个客户在金融方面有什么特别喜好与兴趣点，都会细心地记录下来以便在服务工作中有的放矢。而这位客户，虽然平时交流不多，业务量也不突出，但陈某清楚地记得：在向该客户介绍一些境外创新业务的时候，客户都表现出了极大的兴趣，虽然当时并不知道为什么。经过耐心的电话交流，客户 Z 某向私人银行客户经理简单透露：近期"可能"会有一些境外结算业务。前后一结合，职业经验丰富的陈某立即意识到了 Z 某绝对是一个优质客户，当机立断与 Z 某约定次日拜访，并连夜有针对性地准备了丰富的相关材料。

次日，陈某邀请本机构私人银行负责人一同拜访该客户。客户没想到自己的"随便问问"却让陈某这么快地响应，并被陈某准备充分的材料所打动，而私人银行负责人的亲自到访更是让客户感受到 M 银行私人银行的诚意与专业，随即毫无保留地把目前公司的情况及金融需求做了介绍。原来，客户要把公司一半的股份出售给一家境外上市公司，交易金额高达上亿美元，而且很快第一笔资金会以美元现金的形式在境外账户结算，所以需要尽快开立一个境外账户，同时一部分资金需要在境外做财富管理，另外公司正在建立员工股权激励计划，公司也有在境外上市的打算。

连夜的准备并未白费，私人银行负责人和陈某马上有针对性地拿出了非常专业的建议，并告知 Z 某 M 银行总行私人银行部设有专门的"海外与新兴市场中心"，负责帮助客户管理境外资产，包括资产配置、财富传承、境外上市规划等本行创新境外业务；总行专家团队也会根据客户的需求，量身定制境外资产管理方案，相信可以对 Z 某的需求有非常完美的解决方案；同时，私人银行负责人承诺客户，将尽快联系总行专家团队跟客户对接，制定具体规划方案。后来回忆此事的时候，Z 某总是笑着对陈某说："小陈啊，那天你可真把我吓一跳，本来真的准备打电话随便问问，没想到你那么重视，把领导都拖过来了，还专门准备了一大堆资料，给我的解决途径又那么契合我的需要，要不是全程我自己在做，我真以为公司有'内鬼''泄密'给你了呢！不然怎么会准备得那么充分，还句句说到我心坎里！"

会面结束后，私人银行负责人亲自联系总行私人银行部"海外与新兴市场中心"团队，详细介绍了客户 Z 某的情况，希望总行专家团队能亲自与客户见面沟通，为客户制定境外财富管理方案。两天后，是一个普通的周末，M 银行总行海外业务与新兴市场部总行专家团队与 Z 某在北京见了面，本次的见面让客户非常满意。总行专家团队关于境外资产配置、家族财富传承、企业股权激励计划的意见和建议得到客户 Z 某的高度认同，客户 Z 某更是进一步详细阐述了他个人和企业的需求、计划、愿景，双方聊得非常愉快。当场客户 Z 某就表示希望专家团队能帮助他规划境外财富管理。

本次会谈后，M 银行总行私人银行海外与新兴市场中心专家团队高效、创新地为客户制定了"境内外家族财富传承"规划，同时联合香港分行私人银行团队共同为客户制定了"境外资产配置方案"。境外规划方案初步得到了客户的认同，之后经过 3 个多月的反复沟通，不断调整方案，最终 M 银行整合总行、境内分行、境外分行及境外合作机构等多方资源，成功为客户设立了以境外信托为载体的家族财富传承架构，包括以境外个人家族信托配置并持有境外万能寿险 6000 万美元、个人年金险 1000 万美元以及二级市场和债券市场公募基金等境外资产，共计金融资产 8000 万美元；以境外信托为工具配合企业股权激励计划，配合客户企业在境内外的发展。在服务过程中，客户指定私人银行团队为其日后境外上市提供后续服务方案。

创新要点

M 银行的一线客户经理对日常信息的及时传递、对业务发展的敏锐洞察、分行管理人员对资源的全面整合，以及总行技术团队的专业支持，是本案成功的决定因素。

1. 创新的境外业务模式

M 银行是境内率先开展私人银行境外业务的商业银行之一。M 银行敏锐地发现了中国高净值客户的日益高涨的境外业务需求，并对标国际一流私人银行的服务体系及团队设置，结合中国客户的特色及中资商业银行的架构，联动境内外总分行及合作机构力量，设计出独一无二的服务体系。服务内容包括根据私人银行高净值客户的需求，提供境外资产配置、传承架构搭建、税务规划、移民咨询等专业服务，开创了境内商业银行提供境外业务独一无二的模式。在本案中，正是这种业务模式为客户 Z 某提供了最优的境外资产配置方案，解决了客户的实际需求，赢得了客户信任。

2. 专业的技术支持团队

结合境外业务的战略布局，M 银行在私人银行总行层面设立了专业的技术支持团队，成员包括特许金融分析师，美国、中国香港及澳洲的注册会计师，以及境外资深金融从业人员，力求做到业内顶级。总行专业团队不仅为分行推荐的客户提供量身定制的专业方案，还定期为全行一线客户经理及私人银行投资顾问提供专业培训，普及境外市场趋势、产品类型、税务体系、法律架构、移民政策等专业知识，提高一线从业人员的业务素质，使一线人员可以第一时间敏锐地察觉到客户的境外业务需求，从而有针对性地开展业务活动。本案的客户经理小陈，就是通过参与总行海外与新兴市场中心举办的培训，丰富了自己的专业知识和营销技巧，在与客户 Z 某洽谈的过程中促进业务落地。

3. 全面的境内外资源联动

与传统商业银行业务全部扎根境内不同，境外业务的核心就是客户在境外存量资金的规划与配置。因此，M 银行私人银行采取总行统筹规划、境内分行营销推动、境外分行协助落地的业务模式，最大限度优化整合行内资源。为了给客户提供最佳服务体验，私人银行总行通过多种渠道进行考察，遴选了各行业的顶级机构作为合作方，为客户在境外资产配置、传承架构搭建、投资移民申请等方面提供专业服务。在本案中，总行团队联系境外顶级信托公司，为客户境外家族信托及企业股权激励计划的落地提供了专业的法律和后期管理服务，大幅提高了客户 Z 某对 M 银行服务团队的黏性及信任度，促使其与 M 银行服务团队分享其企业未来上市计划，为 M 银行日后对客户 Z 某及其企业提供进一步服务打下了坚实基础。

创新启示

1. 及时专递资讯动态

境内商业银行竞争激烈，产品和服务同质性强，让客户及时准确了解银行的资讯信息、产品信息、业务动态，是一线客户经理将自身与同业显著区分、从而赢得客户信任与熟悉的核心手段。在长期接触客户、普及银行业务的过程中，客户经理应不断提高业务水平、优化销售技巧，使客户信服自己及本行的专业能力、熟悉本行的业务范围，当客户有常规业务以外的特殊需求时，能够在第一时间想到你，更会把你所在行作为特殊业务的主办银行。

2. 敏锐洞察业务需求

一线客户经理应注重与客户日常的关系维护，经常与客户保持沟通联系，只有更加熟悉和了解客户需求，站在客户的角度思考问题，做到举一反三，触类旁通才能赢得客户的信任。同时，一线客户经理不能仅仅局限于本地市场、国内市场的动态，更要根据客户群体的特性，不断提升业务水平，积极参与专业技能培训，长期关注境内外市场的发展趋势，才能在客户遇到问题时，可以第一时间提供初步解决方案。

3. 充分整合行内外资源

当发现客户需求涉及面较广，超出个人或本机构能力范围时，一线从业人员一定要善于借助上级力量，整合人力资源、系统资源、机构资源，充分发挥内部及外部专家团队的专业性，为客户提供量身定制的规划方案，进而提高客户黏性。

4. 成功背后是创新、协作的共同效应

随着国内高净值客户群体数量的大幅增长及其需求的逐步细化，客户对境外业务的需求会日益丰富且逐渐细化。中资商业银行应在传统业务以外，立足客户需求，秉着服务思维创新、业务模式创新、团队合作创新的宗旨，发挥总行、境内分行、境外分行、境内外合作机构的协同能力，最大限度满足高净值客户的境内外业务需求。M 银行正是通过及时的商业布局和准确的战略规划，赢得了客户的信任、提高了客户的黏性，从而成功放大了银行的品牌效应。

该案例的成功是 M 银行内部机构间协同合作、共创盈利的完美体现。境内客户的营销与维系往往依赖一线客户经理，当客户有境外业务等复杂需求时，客户经理及时反馈总行以及安排对接 M 银行境外分行，正是由于境内外联动机制的高效，满足了客户境外业务需求，也同时带

动了客户对其他业务的需求。

同时，该案例也是 M 银行公私业务联动的优秀代表。客户的需求日益复杂，综合的客户服务体系体现了商业银行的竞争力。Z 客户最初与 M 银行合作更多的是公司业务，首先提出的也是境外结算业务，但通过在与客户的对接过程中挖掘到其境外资产配置的需求，从而为客户提供了综合服务方案以满足客户全面的金融需求，在增强客户黏性的同时，也为 M 银行公司业务与私人银行业务共同创利。

| 案例 63 |
健康账户创新案例

创新背景

贝恩公司发布的《2015 中国私人财富报告》显示，2015 年年底，中国高净值人群数量达 126 万人，较 2014 年增长 22%。在经济"新常态"格局下，中国私人财富市场依然保持了较快的增长速度。

同时，在健康、旅游、教育、社会责任、保险等众多需求中，高净值人群的健康需求列各项需求第一位，有 88% 的高净值人士愿意投资健康，有 75% 的高净值人士都存在一定程度的健康困扰，健康问题已经严重影响他们的工作与生活。而当前国内存在的高端医疗资源稀缺、医患矛盾频发等问题，使高净值人士在医疗健康方面的需求得不到很好的满足。

对于高净值人士而言，财富是有形资产，健康是无形资产，健康是一切财富的基础，由此 P 私人银行创造性地提出"健康账户"服务理念。希望在帮助客户管理有形资产的同时，通过"预测、预防、精准保障"全方位管理客户和其家人的健康，将互联网与健康管理相结合，开启互联网时代健康管理全新体验。

何老板是 P 私人银行客户之一，是家族事业的经营者也是家庭的守护者。理财经理得知何老板的女儿最近身体欠佳，刚刚出院回家，但身体仍然很虚弱，非常需要人照料。感受到何老板对家人健康的担忧和不安。于是，小张向何老板介绍了 P 私人银行 "健康账户" 及其中的 "私人家庭医生" 服务，并让客户在现场体验了家庭医生在线问诊服务。何老板觉得女儿目前不便出门，这种在线问诊模式不用去医院排队挂号，对隐私的保护也非常到位。一般自己或家人生病会托熟人找关系才能挂上名医的号，并且大多时候想保护自己的隐私，不想因为小病小痛惊动太多人，影响企业经营。私人家庭医生这种服务模式非常适合他的家庭，于是何老板当场晋升为达标客户并为家人——建立健康账户。何老板表示，对 P 私人银行此次解决了他家人健康难题十分感谢，对私人银行创新的服务理念也更加赞赏。

同时，客户对家庭问诊模式表示赞赏的同时，也提出一些建议。除了 App 操作需要更清晰便捷之外，也希望和家庭医生进一步接触以增加彼此之间的信任。对此，私人银行与好医生服务团队探讨改善方案，下一阶段将推出视频问诊模式，让客户更直观地感受家庭医生的全方位陪伴。

创新要点

1. 商业模式创新

银行的天然属性是管理客户的金融账户，而 P 私人银行又具备了另外一种属性——管理客户的健康账户。P 私人银行汇聚全球优质医疗健康资源，在统一平台上为客户提供服务。在健康账户中，通过基因检测、体检报告上传等实时了解客户的身体信息，建立客户及家人的健康档案，揭示潜在疾病风险；私人家庭医生作为健康管家可以更好地为客户提供精准医疗、健康管理等专业意见，定制更适合的健康方案。

此外，在健康账户内，私人银行从 "健康早知道" "健康加油站" "健康直通车" 三个方面整合海内外优质资源，快速回应客户的多种需求，利用健康医疗技术的先进成果，为客户提供全方位的健康管理。同时根据客户的身体情况，提供多样的健康保障计划，实现健康管理服务闭环。

通常，私人银行以金融产品为核心，以医疗、投资移民、留学等服务作为增值项目，增强客户黏性。国内私人银行提供的服务项目大多千篇一律，都是以广阔的资源库回应客户的零散需求。而 P 私人银行家庭医生服务真正以客户为中心，结合客户对健康与财富传承的需要，提出"健康账户"这一创新型的服务理念，即在财富的增长同时伴随着健康值增长，这将以往的需求引导供给，转变为双向互动，大大提升了私行服务的附加价值。

2. 产品创新

私行定制版好医生 App 顺应"互联网＋"时代发展，引领移动医疗全新概念。客户不再依赖传统就医渠道，通过手机端 App 即可完成在线问诊、在线预约、在线找药等医疗服务，同时，相反于传统有病才就医的理念，"健康账户"为客户建立健康档案，记录其各方面的身体状况，综合评估，从健康、亚健康、慢性疾病到重疾这一系列过程，持续性地把控客户身体状况，让未来的治疗有的放矢。

其中，私人家庭医生作为私行"健康账户"创新服务之一，提供 7×24 小时全天候健康咨询服务，为每位家庭成员建立健康档案，依靠大数据科学预防疾病并提供保健建议；从日常保健到诊后恢复，根据个人需求打造"一对一"健康计划，科学规划运动和饮食，为客户提供高品质的一站式健康服务。

3. 客户体验创新

"私人家庭医生"以创新型的服务模式标明就医不再受制于时间和空间，移动端可随时随地满足客户的就医需求。"健康账户"则唤起了客户对健康管理的意识，健康与财富一样需要长期的积累与关注。

（1）私人家庭医生。私人家庭医生 7×24 小时全天候服务，客户可随时随地求医问药，不再需要起早排队。

（2）名医预约。任何疑难杂症，客户通过移动端即可一键连线专科名医电话问诊，客户在家中即可坐拥一流的医疗资源及专家服务。在专科名医的指导下去医院就医或用药。

（3）家庭健康档案。客户全家的专属健康档案帮助客户清晰管理以往的问诊结果及病史，方便可靠。

（4）个人健康管理。高净值人群为了自己及家人的养生，有超过两成的人会雇用营养师、健康顾问或运动教练，有四成人是通过书籍获得养生信息，通过亲朋或杂志、电视节目介绍的也各占两成，如今热门的微信和微博，虽然使用者众多，但因其可信赖程度不高，不能成为获得权威养生信息的渠道。私人家庭医生的专业建议则为客户持续性的健康管理提供了可能。

（5）全球健康医疗服务。在客户需要到海外治疗时，不需要再四处打探，只需通过平安私人银行的健康管理服务平台便可以找到合适的资源，方便快捷的就医通道使就医更顺心。

4. 营销创新

线下以个人专属的私人家庭医生卡片为载体，通过专属卡号一键激活私人家庭医生服务；线上以私人家庭医生微电影拓展话题，进行金融、医疗、娱乐的跨界营销。

5. 个性化创新

每一位私人银行的客户可以通过激活专属的私人家庭医生服务卡号进入 App 平台，在私密、安全、稳定的环境下进行寻医问诊。

此外，运营平台将利用大数据解读客户生活与健康习惯，不定期推送健康咨询；客户专属的私人家庭医生也会根据客户提出的健康需要为其定制健康计划，并进行定期回访，了解客户的身体情况。

创新启示

1. 以客户为中心，深刻洞察高净值客户的需求

在国内高净值人群的各项需求中，除了保证资产稳定增长外，健康需求列第一位。然而面对当前国内医疗资源稀缺、医患关系紧张等问题，高净值人群在医疗健康方面的需求并不能得到很好的满足。私人银行为客户提供全方位私人管家式服务，不仅仅管理客户的有形资产，同时强调健康管理，为客户建立专属"健康账户"全方位管理客户和家

人的健康生活。

2. 利用大数据、互联网等高科技手段

利用大数据建立客户信息库,实时筛选信息并推送智能化营销;以好医生 App 为载体,从线上专属家庭医生问诊到线下专业团队提供的健康服务,将实时在线问诊与多样的国内外健康项目相结合,形成完整的健康管理服务与销售闭环,将互联网与健康管理服务相结合,塑造"互联网 + "时代的全新健康管理理念。

3. 跨界营销的创新思维

健康账户服务的推出是 P 银行"走出银行办银行"的重大创新之一,拓宽了私人银行客户服务的边界,改变了私人银行不仅帮助客户管理财富,也帮助客户及其家庭管理健康的理念。该服务为同业首创,充分体现了 P 银行在客户服务、营销推广方面的创新思维,为同业提供良好的借鉴和经验。

三 贸易金融业务

| 案例 64 |

供应链金融
——无追索权国内保理业务

创新背景

1. 市场背景

近几年，国家为了进一步扩大内需，出台了促进经济平稳较快增长的相关措施。其中"加快铁路、公路和机场等重大基础设施建设"带动了工程机械行业的快速发展。

工程机械行业的业务模式也在此背景下发生了较大的变化，由原来的经销商代理销售及按揭直销的方式转变为直销给自身成立的租赁公司，再由租赁公司出租的方式经营。在这种方式下，工程机械生产厂商将设备销售给租赁公司，实现了销售收入的完全确认。

2. 需求介绍

在对租赁公司监管方面要求是风险资产不得超过其净资产的 10 倍。随着租赁公司租赁业务的不断扩大，其账面应收租金金额也随之增加。在此基础上，租赁公司一方面希望提前将部分应收租金变现，以缓解其资金需求，以便进一步扩大业务量；另一方面在不增加注册资本的情况下，为满足监管要求，须减少其账面应收租金金额。

3. 客户概况

X 集团是国内工程机械设备生产的龙头企业,旗下产品涵盖了挖掘机、起重机、混凝土机械、筑路机械等各种大型、小型的工程机械设备。X 集团的产品一部分直接销售给下游企业,一部分销售给集团全资控股的租赁公司 K 公司,再通过 K 公司将设备出租给承租人。承租人包括小企业、个体户和个人。K 公司在业务扩张过程中,账面应收租金金额不断增加,为提高流动资金周转效率,同时不突破监管部门对其风险资产的考核要求,K 公司希望银行提供相关服务,帮助其降低账面应收租金余额。

4. 客户需求

K 公司的主要诉求是降低账面应收租金余额,所以可通过无追索权国内保理来实现。但由于无追索权保理需要同时对承租人核定保理额度,这对于个体承租人是无法操作的。同时,承租人数量较多,对其一一授信的实际操作性较差。在此基础上,T 银行为 K 公司设计了由 X 集团作为共同买方的无追索权保理业务,在解决客户问题的基础上,提高了业务办理的效率,得到了客户的认可。

5. 服务方案

鉴于 K 公司下游承租人数量较多,而且包含个人,无法一一授信,由 X 集团作为共同买方,出具相关承诺函,承诺在承租人未按约定支付租金时,承担连带担保责任,将承租人应付未付款项支付至分行,以归还 K 公司的保理融资。在此基础上,通过占用 K 公司保理融资额度和 X 集团(共同买方)保理额度的方式,完成对 K 公司无追索权国内保理业务的办理(见图 10)。

目前,像 X 集团这样的工程机械设备生产厂商都会在其所生产的设备上安装定位和控制系统,不仅能测出了设备的位置,还能在承租人未履约时停止设备运作。因此,X 集团对承租人有一定的约束力,对分行给予 K 公司的保理融资债权也起到一定的风险控制作用。

6. 创新思路

国内保理业务原本是通过应收账款转让的方式解决一般国内贸易项

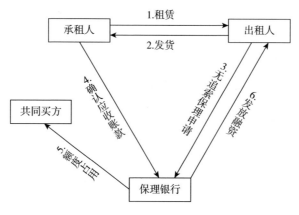

图 10 国内保理业务流程

下的应收账款催收、管理和融资的问题。在该案例中，通过国内保理业务应用场景的创新，在银行受让租赁公司应收租金的基础上，解决了租赁公司应收租金出表和资金融资的问题，切实满足了客户的实际需求。

创新要点

从该案例来看，银行为租赁公司提供授信并办理无追索权保理业务，不仅获得了保理融资项下的利息收益，同时也通过提供应收租金的坏账担保和催收管理的服务，获得了一定的保理费收入。保理费作为非资本占用的收入，有效提高了银行中间业务收入的增长。

从风险控制角度来看，租赁公司是轻资产的公司，融资偿还能力有限。基于此，银行通过要求其集团公司承担回购的方式，有效控制了业务的风险。

创新启示

在租赁公司的监管上，其风险资产不得超过净资产的 10 倍。在不增加注册资本的情况下，随着业务的扩张，账面应收租金金额不断增加，一旦接近净资产 10 倍，就无法拓展新的业务。因此，通过为租赁公司办理无追索权保理的方式帮助其降低账面应收租金的金额。对厂商租赁来说，承租人大部分都是个人，无法进行授信，把生产厂商纳入保理方案，承担共同买方的角色，则有效解决了授信和风险控制的问题。

对于银行来说，通过为租赁公司办理应收租金保理业务，获得了保理利息和保理费的综合收益，不仅提高了资本利润，同时带动了中间业务收入的增长。

| 案例 65 |

借助"一带一路"东风 获取新兴国家货币买卖新机遇

创新背景

A 公司是全球领先的综合通信解决方案提供商，为全球 160 多个国家和地区的电信运营商和企业网客户提供创新技术与产品解决方案，让全世界用户享有语音、数据、多媒体、无线宽带等全方位服务，是中国最大的通信设备上市公司，也是我国开展"一带一路"建设的领军企业，集团在 C 银行综合授信××亿人民币。

从 2014 年 6 月起，作为 C 银行总行的战略客户，A 公司开始由 C 银行总行牵头营销，战略客户部协同分行一起建立了涵盖总分、支、行三级机构的一体化营销团队，并着手为客户量身定制综合金融服务方案。经过一系列的努力，C 银行从 A 公司的一个边缘合作银行成为其主办行。

2014 年 9 月，C 银行总行领导接待了来访的 A 公司执行副总裁兼财务总监一行，双方一致表示将全面提升战略合作的广度和深度。同月，A 公司员工的金融社保 IC 卡业务最终锁定在 C 银行，这无疑是一个良好的开端，在实现存款和中间业务收入的同时，也为开展进一步潜在的合作创造了机会。

在 2010 年以前，A 公司就曾在 C 银行叙做国际双保理业务，但近年来因为定价规模等原因，一直未能与其继续开展相关合作。C 银行总分支行三级经营部门在仔细分析该业务信息后，迅速与交易银行部组建营销团队，决定利用无追索权保理产品融资成本较低、不占卖方授信额度、优化客户财务指标的优势，重点向客户推介该创新产品，寻求合作。终于在 2014 年 12 月，C 银行成功营销 A 公司开展首笔业务，后续开展此类业务超过 10 亿元。

在 2015 年 1 月，C 银行作为独家主承销商的 A 公司长期性含权中期票据（简称永续债）在银行间市场成功发行，此笔业务创造了市场上和 C 银行债券承销史上的多个第一，是市场上单支发行金额最大的永续债，此业务也奠定了 C 银行此类业务的市场地位，双方合作进一步加强，A 公司对 C 银行的信任更加稳固。

创新要点

2015 年 3 月 28 日，国家发改委、外交部、商务部联合发布了《推动共建丝绸之路经济带和 21 世纪海上丝绸之路的愿景与行动》，"一带一路"倡议正式提出。C 银行紧跟国家战略步伐，于 2015 年 7 月在总行成立了由副行长挂帅的"一带一路"跨部门工作组。战略工作组由总行 11 个部门组成。工作组成立以来仔细领会党和国家"一带一路"倡议的精神，采取多种方式为"一带一路"沿线的"走出去"企业服务，定期发布与"一带一路"沿线相关国家的基本情况、业务机会和风险提示，加强对分支行的培训，尤其是对买方信贷、项目贷款等重点业务的宣传和推动。

A 公司作为我国开展"一带一路"建设的领军企业之一，总行看到了其中的商机，积极开拓 A 公司的相关业务机会。在成为 A 公司的主办银行后，C 银行调整战略经营思路，结合已有的合作产品，开始着手介入其"一带一路"海外项目，以谋求长期、深度的合作。

外汇保值型衍生品交易业务是 A 公司"一带一路"海外项目的常规业务，远期外汇业务可有效固定外汇收付业务的汇率成本，减少外汇风险敞口。新兴市场货币相比传统发达经济体货币资金交易,同业竞争小,在控制风险的情况下有更大的获利空间。它是跨国公司汇率保值的有效手段,同时也高度符合 C 银行推行的"轻型银行"战略。

外资银行由于具有政策、环境及成本的优势,此类业务 A 公司已与外资银行合作多年,国内股份制银行此时介入竞争激烈、困难重重。C 银行迎难而上,由总行部门总经理亲自带队前往 A 公司开展高层营销,从综合服务的角度说服客户,一锤定音,最终获得了外汇交易业务报价的机会。总行与相关分行组成了"客户端 + 产品端"的服务小组,迅速与 A 公司外汇部门对接。总行金融市场部全程指导,理顺流程,为 A 公司开启报价平仓的绿色通道;分行交易员专项对接,进行远期外汇买卖、结售汇、新兴市场货币保值交易等同时报价,高效、专业的服务赢得了客户的认同;分行发起授信申报,控制风险敞口,解决操作端的各项难题,扫平了业务落地的种种障碍。

在得到客户要开展泰铢兑美元的远期保值业务的需求后,C 银行外汇交易员在市场价的基础上,推测客户的心理预期,在收益可控的范围内报价成功获得客户的认可。服务小组紧凑有序地推进各项审批,最终在当天顺利完成 C 银行体系内首单新兴市场货币汇率保值交易。

C 银行在良好政策的背景下,结合客户外汇保值的需求,总行多个部门与分支行同事联动协同、精准营销,以专业的服务打动客户,获得了来之不易的业务机会。

创新启示

该笔业务是 C 银行在战略客户"一带一路"项目需求服务的重大突破:不仅解决了 A 公司小币种外汇交易业务的保值避险需求,开创了 C 银行与 A 公司全面合作的新高度,同时也丰富了金融市场产品体系,打造以差异化竞争优势服务战略客户的新范式。该案例有以下几点启示。

1. 把握业务契机

随着业务拓展和全球化经营,A 公司等跨国企业在汇率保值、错币种融资、远期外汇买卖等方面存在大量业务需求，同时由于时效性、成本、政策等方面的限制，以往该类业务多为汇丰、花旗等外资银行所垄断，在开拓"一带一路"沿线国家业务的过程中，跨国企业的此类业务机会众多，银行应该通过自身资源，根据客户需求进行跟进。

2. 提供有针对性的综合解决方案

（1）外资银行基于政策、环境和成本等多方面的优势，垄断A公司境外资金管理等业务多年。面对不利局面，C行在总分行领导的带领下多次拜访A公司开展高层营销，从综合服务的角度打动客户，从而在客户的配合下充分了解其相关业务需求。

（2）针对A公司在"一带一路"海外项目中的外汇保值衍生品交易等业务大量需求，制定"一户一策"，分层级、按职能名单制营销推进，产品、市场、运营、风控多条线齐心攻坚，扫平种种障碍，以专业、高效的服务赢得了客户的信任，成功获得泰铢兑美元的远期保值交易。

（3）泰铢兑美元远期保值交易的落地，打造了差异化优势服务战略客户的新范式，开创了与A公司全面合作的新高度。在战略合作新局面下，C银行激流勇进，接连获得远期外汇买卖、存日贷新等业务，百尺竿头，更进一步。

3. 寻找差异性优势

在开展"一带一路"工作中，C银行没有先天性的优势，必须通过差异化的优势，打开战略合作新局面，在为客户提供及时便利服务的同时，从资金管理、融资等多个维度绑定客户，通过优势吸引并挽留客户，达成长久合作。

平行进口汽车融资

——进口未来货权质押融资业务

创新背景

1. 业务背景

国家工商总局自 2014 年 10 月起正式取消汽车品牌授权制度，打破了之前进口车销售仅以总代理和授权经销商的运行模式，标志着进口车渠道垄断被打破，"平行进口车"这一进口渠道正式得到国家的认可，未来汽车市场竞争将更加充分。

2012 年 11 月，张家港保税区获国务院正式批复，设立汽车整车进口口岸，成为江苏省唯一一家汽车整车进口口岸。这一资质的获批，将促进张家港保税区成为与国际市场同步的现代化汽车集散中心，成为江苏及长三角地区汽车整车及零部件进出口最便捷的通道和集散地。截至 2014 年年底，张家港汽车口岸进驻汽车贸易企业超百家，年进出口整车贸易量超百亿元，业务空间广阔。

2. 企业需求

A 企业是苏州张家港保税区内一家从国外进口品牌汽车的贸易企业，主要经营模式是通过信用证或 TT 方式向境外品牌分销商支付货款，收款方收到款项后发货，车辆到港后 A 企业再根据其国内构建的销售渠道分销到全国各地，2015 年销售额达到 20 亿元。

A 企业主要的融资需求：一是由于需要向境外品牌汽车分销商提前支付大额货款，面临较大资金压力；二是车辆到港后的未销售车辆对其资金的占用，影响企业的后续运营。A 企业在整个贸易链条中采购端需提前支付货款，销售端资金回笼不及时，自有资金占用明显。A 企业希望从银行获得资金支持，提高资金使用效率，但由于 A 企业属于贸易类轻资产企业，缺乏有效抵押质押物，通过传统方式很难获得银行足额授信支持。

3. 方案设计

根据 A 企业的融资需求，C 银行在对平行进口汽车贸易链条全面分析的基础上，为企业提供进口未来货权质押融资服务，C 银行要求企业首付不低于 10% 的保证金对外开立信用证，其余敞口部分由 C 银行授信进行开证，缴纳关税时，C 银行代缴不高于关税的 70%，企业自缴税款 30% 的全程授信，最终以企业的销售收入偿还 C 银行贷款。

（1）开立信用证。企业向银行提交开证申请，缴纳不低于 10% 的保证金。C 银行与企业签订《最高额动产质押合同》《动产质押监管协议》，以企业未来到港车辆作为质押，银行对外开立信用证。

（2）信用证到单及车辆入库。信用证到单后通知监管公司，报关报检手续完成，两证办理完毕后，监管公司负责直接取回两证，开始两证监管。

（3）押汇。客户即期信用证押汇时，C 银行解付 10% 保证金，押汇 90%，由国际部对外付汇，期限不超过 90 天。

（4）关税贷款。客户申请关税贷款时，C 银行给予不高于 70% 的关税贷款，期限不超过 90 天。可开立关税保函（含网上付税担保业务及关税总担保业务），保证金比例不低于 30%。

（5）赎货。客户在 C 银行开立专用回款保证账户，申请提货时，追加相应的保证金并签署保证金质押合同，确认保证金足额到账及保证金质押合同签署无误后，通知监管方放车、放证。

（6）还款。授信业务到期时，解付初始保证金和回款保证金（押汇及关税贷款仅解付回款保证金），不足部分划扣一般结算户，用于购汇支付远期信用证、支付押汇还款、关税贷款。

创新要点

"平行进口车"由于渠道原因,其车价比传统渠道低"15% ~ 20%",市场需求大,利润率高。近年来,受国家政策推动,行业快速发展,企业融资需求旺盛。在具体业务操作中,主要从以下几个环节入手来控制风险。

1. 信用证开立环节

在客户授信审批时,应根据信用证受益人(国外供应商)的成立年限、整体实力、是否关联企业等因素,限制开证时受益人(国外供应商)的数量,确保信用证贸易背景真实、项下货物能顺利交付。

2. 信用证项下单据到达,客户承兑环节

根据不同客户的资质信用水平,确定是否要进行信用证项下货权的全流程监控,给予客户更大的便利度以提高银行产品市场竞争力。同时,在货物通关、报检环节,同客户约定必须采用银行指定的第三方独立、优质的报关报检公司。

3. 货物监管环节

该类业务模式下的货物监管统一由具有政府背景的港口保税区港务有限公司负责,此类监管企业综合实力较强,拥有监管场地所有权,并且其监管场地坐落于保税区内。在保税区内,货物进出须接受海关严格审核,能够确保货物监管环节不存在问题。

4. 当地政府全力支持,业务信息透明度高

做大做强"整车进口口岸"是张家港市政府重点推动项目,C银行推广的该类业务模式也获得了当地政府的全力支持。C银行融资项下车辆的通关报检、保税区内货物的监管、授信企业的进出口情况、纳税情况等,当地政府都将毫无保留地给予支持、提供相关数据。政府的大力支持,业务信息透明度高,有助于银行充分掌握授信客户整体经营管理情况,进一步降低业务风险。

创新启示

进口未来货权质押融资业务对长期受困于融资难题的进口企业无疑是一个重大利好。该业务极大地延伸了银行对进口企业融资需求的服务周期，实现了进口项下的货权控制，将未来物权与银行操作成熟的现货质押、现金流控制等手段联系起来，将 C 银行领先的贸易融资服务顺着商品供应链条跨越国境，推行国际、国内贸易全程一站式服务。同时，对于客户来说，此业务的推出一方面缓解了原材料资金短缺或资金占用为其带来的资金压力；另一方面进口商通过信用证方式一次性大量采购还可能从商品卖方处获得较高折扣，甚至有可能提前锁定价格，降低价格风险。

该案例有以下三点启示。

1. 抓住质押物，突出债项评级的重要性，扩大可授信客户范围

在该类业务模式下，C 银行将抓住监管企业资质强（政府背景）、监管场地安全性高（保税区内海关监管）、企业违约后质押物处理快速（第三方定向收购）等特点，强化对信用证受益人（国外品牌分销商）的资质准入和进口品牌车型的要求，采取"全流程信用证项下控单据、控车、控证"模式。通过提升该供应链金融模式下的质押物管理来强化授信企业的偿债能力，突出债项评级的重要性，综合考量授信企业资质，以扩大该类产品的可适用客户范围。

2. 抓住优质平行进口车企业，拓展其国内分销商市场

C 银行在市场内选取股东背景强、进出口量大、国内渠道搭建成熟的优质平行进口车企业，比照传统汽车金融三方网络模式，为其国内分销商提供库存车融资业务服务。

3. 拓展汽车行业全产业链金融服务

平行进口车大多为高端品牌，其终端客户群多为富裕阶层，超前消费意识强，银行可开展消费贷款业务，在促进终端销售的同时，加快经销商资金周转，提高企业合作紧密度。

| 案例 67 |

创新银租合作类产品

创新背景

随着全球金融业的不断发展，在经济发达的国家，融资租赁业已经成为仅次于银行业的第二大资金供应渠道。而在中国，融资租赁业正迎来发展好时机。随着中国市场经济体制的不断完善，特别是融资租赁法律规定的出台，国外各大银行、金融机构及跨国公司均看好中国融资租赁市场的发展前景。中国是世界上潜在的最大租赁市场，已经成为西方融资租赁业人士的共识。

当前中国银行业普遍存在投资难、融资难、放款难，在一定程度上可以说是由于银行产品和营销模式单一，服务功能不完善造成的。鉴于融资租赁有促进资金和设备的流通功能，大力发展融资租赁业务也有利于改变投融资难的状况。

在此背景下，M银行产品研发人员通过实地拜访租赁公司等方式多渠道了解租赁行业的特性与操作惯例。经调研，融资租赁可以细分为直租、回租和厂商租赁（厂商租赁是直接租赁的一种变形，是厂商为促进销售而采取的融资租赁）。

1. 直租模式

租赁公司利用自有资金或筹集资金，向供货商购进承租人选定的租赁物件，承租人按照租约支付每期租金，租赁公司在期满结束后以名义价格将租赁物件所有权卖给承租人。直接租赁最大的受益人往往是生产厂商，对生产厂家来说，租赁可为其客户提供融资的增值服务，故可有效提升其客户竞争力，有利于扩大市场份额。

2. 回租模式

承租人以获得融资或改善财务结构为目的，将自有物件出卖给租赁机构，同时与租赁机构签订融资租赁合同，再将该物件从租赁机构处租回，是承租人和供货商为同一人的融资租赁方式。售后回租进一步发挥了租赁资本形态灵活转化的功能，客户在添置设备等动产时将货币资本转化为了实物资本。而通过将现有设备卖给租赁机构再租回使用，又将实物资本转化为货币资本，为客户开辟了一条融资新渠道。和普通贷款相比，租赁既有债权债务关系，又有物权关系，而借贷只是债权债务关系。融资租赁可对租赁物进行加速折旧，而贷款则无法起到这个功能。

通过研究融资租赁行业的特点，M银行产品研发人员通过不断摸索与研究，创新设计了适用于M银行的银租合作类产品。

创新要点

银租合作类产品主要是指，在出租人与承租人形成租赁关系的前提下，出租人将基于租赁合同产生的未到期应收租金债权转让给银行，银行为出租人提供应收租金管理、应收租金催收、保理融资及买方信用风险担保等综合金融服务。银行融资还款来源为客户（承租人）应付租金，放款主体为租赁公司，实际授信的风险承担主体是租赁公司。

产品优势主要归纳为以下几点：一是银租合作类产品可以在"国内有追卖方保理"或"国内无追卖方保理"额度下表外出账，根据《商业银行资本管理办法（试行）》的规定，一年期（含）以下业务的风险资本占用为20%，相比流动资金贷款，较大程度降低风险资本占用。二是银租合作类产品通过产品结构设计，可以对接同业、资管计划等渠道的低成本资金，较大程度地控制客户（承租人）融资成本的支出。

租赁公司与客户（承租人）是银租合作类产品两个最主要的主体，主体选择是否恰当，直接决定了这个产品的生命力。

1. 从资金收支全过程看

M 银行要求客户（承租人）到期还款时直接将款项付至 M 银行指定的保理回款账户，租赁公司挪用回款的操作风险几乎为零。同时，鉴于租赁公司大多为轻资产公司，自身还款能力较弱，客户（承租人）的还款能力直接决定了该笔业务到期是否可以顺利结清。故从业务本质来看，银租合作类产品中承租人应视同为融资主体，在考虑项目整体风险时应着重评估承租人的还款实力。

2. 从交易结构全过程看

银租合作类产品交易的基础是融资租赁公司与承租人之间的租赁业务，在租赁业务到期或合同约定的其他情形下，承租人支付租金及租息，并向融资租赁公司支付回购款项以获得租赁资产的所有权。租赁公司作为授信主体，即使承租人（客户）有能力按照还款计划及时付款，一旦发生租赁公司涉法涉诉、冻结查封、挪用资金等意外情况，也可能导致 M 银行信贷资金受损。所以，M 银行要求租赁公司的选择应是优中选优，具体标准如下。

（1）优先选择控股股东为银行等金融控股公司、大型央企、国企或上市公司、世界 500 强企业、行业龙头企业、综合实力强的大型民营企业集团所设立的融资租赁企业。

（2）谨慎介入租赁资产种类多、杂，且不处于市场领先地位的企业、多元化经营的民营企业设立的融资租赁公司。此类项目需以锁定 M 银行认可的客户（承租人）方式介入。

创新启示

该案例有以下两点启示。

1. 创新产品需要敏锐的市场洞察力

创新，就是永远保持对每一个细节的关注，永远关注经营机构的需求，关注市场大趋势以及由此引发的需求结构变化。

通过租赁与保理业务的有机结合，创新设计了银租合作类产品，该产品已成为 M 银行重要的获客、获利工具，为 M 银行带来可观收益的同时，成功营销了一批前期无法介入的大型客户。

对经营机构而言，银租合作类产品在大幅减低风险资本占用的前提下，通过对接低成本资金，可以增加银行综合收益；对客户而言，银租合作类产品可以在保证 M 银行不降低收益的前提下，满足议价能力较强的客户融资需求。

2. 推动产品需要持之以恒的毅力

万事开头难，银租合作类产品的创新推动初期较为困难。各分行对产品优势不是非常了解。为了争取首笔业务成功落地，产品研发人员组织各部门骨干人员坐下来一起深入交流讨论，讨论内容包括业务模式介绍、租赁物价值的评定方法、客户选择，并对相关主要协议文本逐条讨论研究等。经过总、分行员工共同努力，首笔业务终于成功落地。首笔业务成功落地之后，产品研发人员累计 20 余次赴全国各分行推进银租合作类产品，经过一年的努力取得了非常可观的成绩，全国除少数分行外，均已实现投放。

助推扩容引流 促拓保理市场

——保理云平台案例

创新背景

保理云平台是基于 P 银行"两张网、一朵云"的互联网金融战略发展要求，结合保理业务拓展需要，由总行贸易金融事业部主导发起，旨在提升保理商信息运维管理水平与管控商业运营风险能力，而专门为保理商提供的集应收账款管理、账户管理、融资管理、监测预警管理等功能于一体，并提供资金结算、交易撮合等服务的远程保理综合服务平台。该平台主要具有风险管理、账户管理、在线融资、交易撮合及经营管理等五大功能，主要具备提供远程云服务、多方在线信息交互、功能模块可定制化及系统应用稳定安全等四大信息系统服务特点，能够有效帮助保理商识别风险、保障业务安全；借助银行监测资金账户，提高资金使用效率；提高经营管理的电子化水平，提升管理精度；拓宽投融资渠道，实现资产与资金的高效匹配；提高经营效率，突破区域局限，提升自身客户体验。

保理云平台的投产运营，对于 P 银行借助保理商渠道批量获客，稳固金橙保理商俱乐部联盟，实现对商业保理行业的系统性整合服务具有重大现实意义。

为大力推广保理云平台，抢占商业保理行业市场先机，P 行贸易金融事业部通过举办金橙保理商俱乐部年会、开展全行范围的营销竞赛等，引导并激励经营单位开展精准营销、搭建微信移动宣传平台以及依托三大区分会等举措持续深化会员合作、积极助力分行推广。截至2016 年 6 月 30 日，全行共有 23 家分行的 276 家商业保理公司开通了保理云平台服务；保理商对应买卖方客户数为 3274 家；商业保理公司及其买卖方客户存款日均 15.62 亿元；存款余额 17.86 亿元，阶段性成效显著。

创新要点

在行领导的重视与牵头推动下，结合 P 银行保理业务经验优势以及总分行协同合作，成功推出保理支平台，并实现了云平台的获客引流及存款沉淀。在本案例中，成功的因素可以归结为以下几个方面。

1. 着眼客户需求，积极拓展业务

本案例中，P 银行贸易金融事业部产品经理在与保理商客户业务沟通中发现，保理公司保理业务信息化程度普遍不足，严重制约了保理公司业务拓展水平与风险控制能力。针对此问题，P 银行副行长亲自牵头组建调研小组并担任组长，汇集全行保理专家和技术骨干共同调研需求、设计方案、研发编程，终于成功推出保理云平台系统。该平台的出现解决了保理公司由于自身规模与研发能力不足而面临的开发成本高、周期长等问题，满足了保理公司运用信息系统强化管理、控制风险的迫切需求。

2. 持续完善系统，深化服务潜能

本案例中，P 银行云平台主管领导、保理云平台研发技术骨干及相关产品部门领导专家自保理云平台上线之后，主动通过现有业务结合、创新业务开拓、系统轮动培训及公司客户沟通等方式积极加强云平台运营维护及服务功能研发，先后开发"发票在线验真"功能、引入"生意管家"模块、一键配置上线产品、联手人行征信中心实施云平台与中登网对接、联合国家商务部进行"商业保理业务信息系统"加速链

接及上线"资管云"服务模块等，着力打造系统的综合性、实用性、安全性与经济性名片，得到了人行征信中心、商务部及上交所领导的一致认可。

3. 搭建营销渠道，助力平台推广

本案例中，为促进保理云平台的应用推广，P银行通过举办金橙保理商俱乐部年会及依托华东、华北、华南俱乐部分会开展会员服务等方式，深化银行与保理公司合作关系、促进保理公司业务开展；同时通过在各分行中开展保理云平台客户活跃度与存款额营销竞赛及发布保理云平台营销指引等方式，带动营销推进力度、引导分行精准营销。

创新启示

本案例有以下几点创新启示。

1. 密切上下联动、促进部门协作

良好的上下级沟通机制、顺畅的上传下达信息通道是平台成功的重要因素，行领导要对业务上反映的问题予以重视，不失时机地开展调研，针对调研反映的问题进行行内外研究讨论，并根据情况予以安排解决，及时指导业务工作的顺利进展。同时各部门应积极协同合作，总、分行及前、中、后台各部门应建立专门的沟通联络机制，指派协调专员，促进业务办理。

2. 聚焦业务潜力，供给创造需求

在互联网金融浪潮冲击下，商业银行对传统业务进行线上化、平台化升级已成必然。一方面商业银行应积极创新业务服务模式、转换单一服务角色，提升综合金融服务能力；另一方面各部门应重视客户服务需求，敏锐洞察客户业务风险点，研发设计实用性与经济性强的金融产品，并通过线上平台系统与线下实务操作的对接、专业特色产品与综合金融服务方案的配套，用优质金融供给带动客户服务需求，强化客户黏性，努力成为客户可靠信赖的金融顾问与不可或缺的金融管家。

3. 提升专业水平，强化营销意识

互联网金融的混合性与技术性要求各部门业务经理不仅应持续提升职责范围内的工作水平，还应主动与其他部门业务相结合，提升服务能力、拓宽服务范围、拓展服务外延，不断提升服务水平。同时各部门业务经理应在研发设计过程中强化产品营销意识，并以此为基础有针对性地为客户进行个性化服务，加强服务特色与精准服务。

4. 加强平台建设，完善服务功能

构建优良的互联网金融交易平台是践行科技金融、轻资本轻资产化业务发展的重要举措，持续完善并不断创新金融平台服务功能是构建优良互联网金融交易平台的重要支撑。一方面经营单位积极利用现有的优质云平台，主动学习相关操作知识，积极合作开辟业务模块；另一方面积极构建新型金融交易平台，及时为客户提供个性化金融服务，提升业务服务水平、强化新老客户黏性，进而形成新的竞争优势，造就领先的业务品牌，树立优良的服务形象。

图书在版编目（CIP）数据

商业银行中间业务创新案例／中国银行业协会中间
业务专业委员会编. -- 北京：社会科学文献出版社，
2017.7（2017.9 重印）
　ISBN 978 - 7 - 5201 - 0806 - 5

　Ⅰ.①商…　Ⅱ.①中…　Ⅲ.①商业银行 - 银行业务 -
案例　Ⅳ.①F830.33

　中国版本图书馆 CIP 数据核字（2017）第 103007 号

商业银行中间业务创新案例

编　　者／中国银行业协会中间业务专业委员会

出 版 人／谢寿光
项目统筹／任文武　杜文婕
责任编辑／高　启　高振华

出　　版／社会科学文献出版社·区域与发展出版中心（010）59367143
　　　　　　地址：北京市北三环中路甲 29 号院华龙大厦　邮编：100029
　　　　　　网址：www.ssap.com.cn
发　　行／市场营销中心（010）59367081　59367018
印　　装／北京季蜂印刷有限公司

规　　格／开本：787mm×1092mm　1/16
　　　　　　印张：20.5　字数：292 千字
版　　次／2017 年 7 月第 1 版　2017 年 9 月第 2 次印刷
书　　号／ISBN 978 - 7 - 5201 - 0806 - 5
定　　价／58.00 元

本书如有印装质量问题，请与读者服务中心（010 - 59367028）联系